KB014325

시사

일본어능력시험

JLPT
합격 시그널

저자 上田暢美, 内田嘉美, 桑島卓男, 糠野永未子, 吉田歌織, 若林佐恵里

모의고사
N1 청해

5회분

시사일본어사

머리말

여러분 안녕하세요. 처음 뵙겠습니다. 이 책을 펼치신 여러분은 행운아입니다. 일본어능력시험 합격에 한 걸음 다가섰다고 생각합니다.

왜냐하면 이 책은 문제 수가 많기 때문입니다. 저희는 그동안 오랜 기간 일본어 교사 생활을 거치며, 일본어능력시험에 합격을 하기 위해서는 최대한 많은 문제를 풀면서 다양한 어휘와 표현을 익혀야만 합격에 가까워진다는 것을 경험해 왔습니다. 그래서 실제 일본어능력시험 유형에 맞춘 다량의 문제를 수록하였습니다. 합격을 목표로 많은 문제에 도전할 수 있습니다. 실제 시험처럼 시간을 재서 문제를 풀어 보고, 틀린 문제는 다시 풀어 보세요. 확실히 외울 때까지 여러 번 풀어 보세요. 그러면 합격은 바로 눈앞에 있을 것입니다.

자, 일단 문제집을 펴고, 풀어 보고 익혀 보세요. 그리고 합격해 주세요.

여러분을 응원하겠습니다!

저자 일동

목차

이 책의 사용법

이 책은 아웃풋(output) 연습으로 사용하는 것을 염두에 두고 만들었지만, 인풋(input) 수단으로도 이용할 수 있습니다. 즉, 여러분의 현재 실력을 실전 문제 형식을 통해 확인할 수도 있고, 새로운 지식을 습득할 수도 있습니다. 다음에 제시하는 교재 사용법을 참고하여 학습에 도움을 받으시길 바랍니다.

여러 번 풀어 보기

시험 공부는 절대량이 중요합니다. 특히 틀린 문제를 그대로 두면 문제를 푸는 의미가 없습니다. 몇 번이고 다시 풀어서 지식을 자신의 것으로 만드세요.

예 네 번씩 풀어 보기

첫 번째: 전체적으로 풀어 본다. 풀지 못한 문제, 풀었지만 잘 알아듣지 못한 문제는 표시해 둔다.

두 번째: 표시가 있는 문제를 풀어 본다. 음성을 일시 정지해서 확인하면서 진행하는 것도 좋다.

세 번째: 스크립트를 보면서 들어 본다. 모르는 말이나 표현은 찾아본다.

네 번째: 마지막으로 전체적으로 한 번 더 들어 본다.

	예	1회	2회	3회	4회	5회
첫 번째	15					
두 번째	23					
세 번째	30					
네 번째	37					

다 풀었으면 37문제 중
몇 문제가 정답이었는지
기록해 보세요.

문제 음성 다운로드

문제 음성 파일은 시사일본어사 홈페이지에서 다운로드받을 수 있습니다.

www.sisabooks.com/jpn

일본어능력시험(JLPT)의 개요

원칙적으로 일본어를 모국어로 하지 않는 사람을 대상으로 일본어 능력을 측정하고 인정하는 세계 최대 규모의 일본어 시험입니다. 1984년에 시작하여 2010년에 새로운 형식으로 바뀌었습니다. N5부터 N1까지 다섯 레벨로 구분되어 있습니다.

+ 주최   국제교류기금과 일본국제교육지원협회가 공동 개최

+ 개최 시기   7월과 12월 연 2회 (개최 장소에 따라 연 1회)

+ 개최 장소   시험에 대한 자세한 내용은 공식 사이트를 참조하세요.
www.jlpt.or.kr

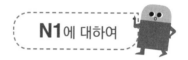

N1에 대하여

+ 시간   언어 지식 (문자 · 어휘 · 문법) · 독해: 110분
청해: 60분

+ 득점

종합 득점		득점 구분(영역)					
		언어 지식 (문자·어휘·문법)		독해		청해	
득점 범위	합격 점수	득점 범위	기준 점수	득점 범위	기준 점수	득점 범위	기준 점수
0~180점	100점	0~60점	19점	0~60점	19점	0~60점	19점

합격을 위해서는 ①종합 득점이 합격에 필요한 점수(=합격 점수) 이상이어야 하고, ②각 영역별 합격에 필요한 점수(=기준 점수) 이상이어야 합니다. 한 영역이라도 기준 점수에 미달할 경우에는 종합 득점이 아무리 높아도 불합격 처리됩니다.

득점은 '척도 득점'을 도입하고 있습니다. 척도 득점은 '등화' 방법을 이용한 것으로, 항상 같은 척도로 측정할 수 있는 득점 방식입니다. 척도 득점을 이용함으로써 시험을 봤을 때의 일본어 능력을 보다 정확하고 공평하게 점수로 나타낼 수 있습니다.

✛ 인정 기준 폭넓은 장면에서 사용되는 일본어를 이해할 수 있다.

읽기

- 폭넓은 화제에 대해 쓰인 신문의 논설, 평론 등 논리적으로 약간 복잡한 글이나 추상도가 높은 글 등을 읽고, 글의 구성과 내용을 이해할 수 있다.
- 다양한 화제의 내용에 깊이 있는 읽을거리를 읽고, 이야기의 흐름과 상세한 표현 의도를 이해할 수 있다.

듣기

- 폭넓은 장면에서 자연스러운 속도의 체계적인 내용의 대화나 뉴스, 강의를 듣고, 내용의 흐름 및 등장인물의 관계나 내용의 논리 구성 등을 상세하게 이해하거나 요지를 파악할 수 있다.

✛ N1 청해 구성

	문제	목표
1	과제 이해	정리된 텍스트를 듣고 내용을 이해할 수 있는지 묻는다. (구체적인 과제 해결에 필요한 정보를 들려 주고 다음에 무엇을 하는 것이 적당한지, 이해할 수 있는지 묻는다.)
2	포인트 이해	정리된 텍스트를 듣고 내용을 이해할 수 있는지 묻는다. (사전에 제시되어 있는 들어야 할 사항에 근거하여 포인트를 압축하여 들을 수 있는지 묻는다.)
3	개요 이해	정리된 텍스트를 듣고 내용을 이해할 수 있는지 묻는다. (텍스트 전체에서 화자의 의도나 주장 등을 이해할 수 있는지 묻는다.)
4	즉시 응답	질문 등 짧은 발화를 듣고 적절한 응답을 선택할 수 있는지 묻는다.
5	통합 이해	긴 내용의 텍스트를 듣고 복수의 정보를 비교·통합하면서 내용을 이해할 수 있는지 묻는다.

1회 음성

정답 : 81p / 스크립트와 해설 : 86~101p

정답 수

37 문제

문제 풀이
목표 시간

60분

問題 1

問題1では、まず質問を聞いてください。それから話を聞いて、問題用紙の1から4の中から、最もよいものを一つ選んでください。

例

1　インタビューをする
2　ブログを更新する
3　間違った字を訂正する
4　写真の使用許可をもらう

청해　11

問題 1　🎧 N1-1-02

問題1では、まず質問を聞いてください。それから話を聞いて、問題用紙の1から4の中から、最もよいものを一つ選んでください。

例　🎧 N1-1-03

1　インタビューをする
2　ブログを更新する
3　間違った字を訂正する
4　写真の使用許可をもらう

1回
2回
3回
4回
5回

청해　11

1番

1 林さんに助言をもらう
2 温泉旅館の電話番号を教えてもらう
3 温泉が好きかみんなに聞く
4 鈴木さんに連絡する

2番

1 広告の情報を減らす
2 山田さんに広告を見せる
3 先方に広告を送る
4 先方に電話をする

3番

1 連絡先を記入する
2 費用を指定口座に振り込む
3 受付で名札をもらう
4 指定の本を読む

4番

1 書類に印鑑を押して持ってくる
2 電気とガスを止めてもらう
3 市役所に転居することを伝える
4 引越しの会社を決める

5番

1 歴史の説明をやめる
2 文の形式を変える
3 歴史の表を入れる
4 資料を増やす

6番

1 取引先に連絡をする
2 会社の在庫をチェックする
3 午前10時までに商品を持って行く
4 大阪支社に問い合わせる

問題 2

問題 2 では、まず質問を聞いてください。そのあと、問題用紙のせんたくしを読んでください。読む時間があります。それから話を聞いて、問題用紙の 1 から 4 の中から、最もよいものを一つ選んでください。

例

1 夜遅くまで遊んでいたから
2 飲みすぎて寝坊したから
3 自転車の鍵をなくしたから
4 自転車がなかったから

1番

1 労働時間を増やすことにした
2 やる気をアップさせることにした
3 タスク管理を重視させることにした
4 労働時間を社員が決めることにした

2番

1 親に反対されたため
2 海外ボランティアに行くため
3 仕事を始めるため
4 写真家を目指すため

3番

1 足が痛くなくなったこと
2 1時間踊れるようになったこと
3 気持ちが若くなったこと
4 100歳まで踊れること

4番

1 聞いている人を見て話せばいい

2 もう少し大きい声で説明すればいい

3 もっとわかりやすく話せばいい

4 グラフの中の字を大きくすればいい

5番

1 失われた茶碗と似ている点

2 外国で作られた点

3 非常に古いものである点

4 色が珍しい点

6番

1 農業が盛んになったこと

2 新しい町長が誕生したこと

3 都会の若者が移住したこと

4 お年寄りが仕事を持ったこと

7 番

1　地下鉄で行く

2　タクシーで行く

3　車で送ってもらう

4　歩いて行く

問題 3

問題 3 では、問題用紙に何も印刷されていません。この問題は、全体としてどんな内容かを聞く問題です。話の前に質問はありません。まず話を聞いてください。それから、質問とせんたくしを聞いて、1 から 4 の中から、最もよいものを一つ選んでください。

例　🎧 N1-1-20

1番　🎧 N1-1-21

2番　🎧 N1-1-22

3番　🎧 N1-1-23

4番　🎧 N1-1-24

5番　🎧 N1-1-25

6番　🎧 N1-1-26

問題 4

問題 4 では、問題用紙に何も印刷されていません。まず文を聞いてください。それから、それに対する返事を聞いて、1 から 3 の中から、最もよいものを一つ選んでください。

例	⌨ N1-1-28
1 番	⌨ N1-1-29
2 番	⌨ N1-1-30
3 番	⌨ N1-1-31
4 番	⌨ N1-1-32
5 番	⌨ N1-1-33
6 番	⌨ N1-1-34
7 番	⌨ N1-1-35
8 番	⌨ N1-1-36
9 番	⌨ N1-1-37
10 番	⌨ N1-1-38
11 番	⌨ N1-1-39
12 番	⌨ N1-1-40
13 番	⌨ N1-1-41
14 番	⌨ N1-1-42

問題5

問題5では、長めの話を聞きます。この問題には練習はありません。
問題用紙にメモをとってもかまいません。

1番、2番

問題用紙に何も印刷されていません。まず話を聞いてください。それから、質問とせんたくしを聞いて、1から4の中から、最もよいものを一つ選んでください。

― メモ ―

まず話を聞いてください。それから、二つの質問を聞いて、それぞれ問題用紙の1から4の中から、最もよいものを一つ選んでください。

質問1　🎧 N1-1-47

1　1番目
2　2番目
3　3番目
4　4番目

質問2

1　1番目
2　2番目
3　3番目
4　4番目

2회 음성

정답 : 82p / 스크립트와 해설 : 101~115p

정답 수

37 문제

문제 풀이
목표 시간

60 분

問題 1

問題 1 では、まず質問を聞いてください。それから話を聞いて、問題用紙の 1 から 4 の中から、最もよいものを一つ選んでください。

例

1　インタビューをする
2　ブログを更新する
3　間違った字を訂正する
4　写真の使用許可をもらう

1番

1 デザインを直す
2 試作品を作る
3 アンケートを見る
4 試作品の生地を選ぶ

2番

1 ガスを止める手続きをする
2 銀行のカードの住所を変更する
3 役所で転出の手続きをする
4 家を借りている会社に連絡する

3番

1 注文確認メールをチェックする
2 全商品を取り消してもう一度注文する
3 商品到着日をホームページで見る
4 変更する商品をネットで申し込む

4番 N1-2-07

1 パッケージの中身を変える
2 パッケージの色を地味にする
3 パッケージに文字を加える
4 パッケージについて社内アンケートを取る

5番 N1-2-08

1 ゼミの学生に連絡する
2 母校に実習の申し込みをする
3 ほかの実習先をさがす
4 高校に連絡して相談する

6番 N1-2-09

1 海外の支社に聞く
2 ビジネスマナーの講師に連絡する
3 営業部の田中さんのところに行く
4 人事部に内容を伝える

1回 2回 3回 4回 5회

　<ruby>問<rt>もん</rt></ruby><ruby>題<rt>だい</rt></ruby> 2 では、まず<ruby>質<rt>しつ</rt></ruby><ruby>問<rt>もん</rt></ruby>を<ruby>聞<rt>き</rt></ruby>いてください。そのあと、<ruby>問<rt>もん</rt></ruby><ruby>題<rt>だい</rt></ruby><ruby>用<rt>よう</rt></ruby><ruby>紙<rt>し</rt></ruby>のせんたくしを<ruby>読<rt>よ</rt></ruby>んでください。<ruby>読<rt>よ</rt></ruby>む<ruby>時<rt>じ</rt></ruby><ruby>間<rt>かん</rt></ruby>があります。それから<ruby>話<rt>はなし</rt></ruby>を<ruby>聞<rt>き</rt></ruby>いて、<ruby>問<rt>もん</rt></ruby><ruby>題<rt>だい</rt></ruby><ruby>用<rt>よう</rt></ruby><ruby>紙<rt>し</rt></ruby>の 1 から 4 の<ruby>中<rt>なか</rt></ruby>から、<ruby>最<rt>もっと</rt></ruby>もよいものを<ruby>一<rt>ひと</rt></ruby>つ<ruby>選<rt>えら</rt></ruby>んでください。

<ruby>例<rt>れい</rt></ruby> 🎧 N1-2-11

1 <ruby>夜<rt>よる</rt></ruby><ruby>遅<rt>おそ</rt></ruby>くまで<ruby>遊<rt>あそ</rt></ruby>んでいたから
2 <ruby>飲<rt>の</rt></ruby>みすぎて<ruby>寝<rt>ね</rt></ruby><ruby>坊<rt>ぼう</rt></ruby>したから
3 <ruby>自<rt>じ</rt></ruby><ruby>転<rt>てん</rt></ruby><ruby>車<rt>しゃ</rt></ruby>の<ruby>鍵<rt>かぎ</rt></ruby>をなくしたから
4 <ruby>自<rt>じ</rt></ruby><ruby>転<rt>てん</rt></ruby><ruby>車<rt>しゃ</rt></ruby>がなかったから

1番

1　スーパーにする

2　マンションにする

3　スポーツクラブにする

4　福祉施設にする

2番

N1-2-13

1　犬の毛の長さを変える

2　影の付け方を変える

3　背景の色を変える

4　服の柄を変える

3番

N1-2-14

1　人を感動させること

2　派手で大きな仕事をすること

3　小さな仕事をこつこつすること

4　今日の気持ちを忘れないこと

4番 ⌂ N1-2-15

1 体格がよくなるから
2 運が強いと思っているから
3 ほかに選ぶ道がないから
4 精神的に成長できるから

5番 ⌂ N1-2-16

1 幅広い世代に人気があること
2 故郷を思い出させる懐かしいメロディー
3 左手が奏でる低音のリズム
4 クラシック音楽のブームを作ったこと

6番 ⌂ N1-2-17

1 写真で効果を伝える
2 使用後の実物を用意する
3 データを表にして見せる
4 事の詳細を知らせる

7番

1　マスクを着用すること

2　口をすすぐこと

3　よく手を洗うこと

4　常に暖かくしておくこと

1회

2회

3회

4회

5회

問題3

問題3では、問題用紙に何も印刷されていません。この問題は、全体としてどんな内容かを聞く問題です。話の前に質問はありません。まず話を聞いてください。それから、質問とせんたくしを聞いて、1から4の中から、最もよいものを一つ選んでください。

例　🎧 N1-2-20

1番　🎧 N1-2-21

2番　🎧 N1-2-22

3番　🎧 N1-2-23

4番　🎧 N1-2-24

5番　🎧 N1-2-25

6番　🎧 N1-2-26

問題 4

問題 4 では、問題用紙に何も印刷されていません。まず文を聞いてください。それから、それに対する返事を聞いて、1 から 3 の中から、最もよいものを一つ選んでください。

例　　ᴀ N1-2-28

1 番　ᴀ N1-2-29

2 番　ᴀ N1-2-30

3 番　ᴀ N1-2-31

4 番　ᴀ N1-2-32

5 番　ᴀ N1-2-33

6 番　ᴀ N1-2-34

7 番　ᴀ N1-2-35

8 番　ᴀ N1-2-36

9 番　ᴀ N1-2-37

10 番　ᴀ N1-2-38

11 番　ᴀ N1-2-39

12 番　ᴀ N1-2-40

13 番　ᴀ N1-2-41

14 番　ᴀ N1-2-42

問題5

問題5では、長めの話を聞きます。この問題には練習はありません。
問題用紙にメモをとってもかまいません。

1番、2番　　　　　　　　🎧 N1-2-44　　🎧 N1-2-45

問題用紙に何も印刷されていません。まず話を聞いてください。それから、質問とせんたくしを聞いて、1から4の中から、最もよいものを一つ選んでください。

― メモ ―

3番

まず話を聞いてください。それから、二つの質問を聞いて、それぞれ問題用紙の1から4の中から、最もよいものを一つ選んでください。

質問1

1 『私の恋人』
2 『ペットと過ごして』
3 『あの日』
4 『探偵　山田修』

質問2

1 『私の恋人』
2 『ペットと過ごして』
3 『あの日』
4 『探偵　山田修』

3 회

3 회 음성

정답 : 83p / 스크립트와 해설 : 116~129p

정답 수

/ **37** 문제

문제 풀이
목표 시간

60 분

問題 1

問題1では、まず質問を聞いてください。それから話を聞いて、問題用紙の1から4の中から、最もよいものを一つ選んでください。

例

1 インタビューをする
2 ブログを更新する
3 間違った字を訂正する
4 写真の使用許可をもらう

1番

1 素材の肌触りについて工場と交渉する
2 着心地についてモニター調査をする
3 伸縮性の試験について担当者に指示する
4 色の種類について繊維会社に連絡する

2番

1 商品にのしをつける
2 商品の在庫を調べる
3 お客様に電話をかける
4 お客様にメールを送る

3番

1 サンプルを持って来る
2 商品開発部に連絡する
3 プレゼンの資料を完成させる
4 資料のロゴを修正する

4番

1 ヒーターをつける
2 室内の気温を計る
3 病院に連れて行く
4 蜂蜜水を飲ませる

5番

1 相談コーナーの学生を募集する
2 配布する資料をコピーする
3 マイクが使えるか確認する
4 学生に来る時間を伝える

6番

1 泊まる所に何人行くか連絡する
2 合宿に行く人の数を確認する
3 北山大学のサークルに合宿の日を聞く
4 バス会社に予約を入れる

問題2

問題2では、まず質問を聞いてください。そのあと、問題用紙のせんたくしを読んでください。読む時間があります。それから話を聞いて、問題用紙の1から4の中から、最もよいものを一つ選んでください。

例

1　夜遅くまで遊んでいたから
2　飲みすぎて寝坊したから
3　自転車の鍵をなくしたから
4　自転車がなかったから

1番

1 霧が出る

2 通れなくなる

3 渋滞する

4 渋滞がなくなる

2番

1 商品の味がいいから

2 パッケージのデザインがいいから

3 寒いときに食べたくなるから

4 よく宣伝をしているから

3番

1 別の会社に就職するから

2 結婚して転職するから

3 ウェブデザイナーになれたから

4 専門学校に通うから

4番

🎧 N1-3-15

1 雑誌や新聞を読むこと
2 ニュースを見ること
3 SNSで人と交流すること
4 実際に人に会うこと

5番

🎧 N1-3-16

1 練習したら上手になること
2 チームメートと同じ感情を共有すること
3 プレーがよかったとき褒められること
4 精神的に強くなれること

6番

🎧 N1-3-17

1 社会に興味を持つようになった
2 学習に対する意欲が高まった
3 いろいろなことに積極性が増した
4 地域活動に参加するようになった

7番

1 相手がメールの返事をくれないこと
2 商談が進まないこと
3 引き継ぎがうまくいかないこと
4 あいさつができないこと

問題3

　問題3では、問題用紙に何も印刷されていません。この問題は、全体としてどんな内容かを聞く問題です。話の前に質問はありません。まず話を聞いてください。それから、質問とせんたくしを聞いて、1から4の中から、最もよいものを一つ選んでください。

例　🎧 N1-3-20

1番　🎧 N1-3-21

2番　🎧 N1-3-22

3番　🎧 N1-3-23

4番　🎧 N1-3-24

5番　🎧 N1-3-25

6番　🎧 N1-3-26

問題 4

🎧 N1-3-27

問題 4 では、問題用紙に何も印刷されていません。まず文を聞いてください。それから、それに対する返事を聞いて、1 から 3 の中から、最もよいものを一つ選んでください。

例   🎧 N1-3-28

1番   🎧 N1-3-29

2番   🎧 N1-3-30

3番   🎧 N1-3-31

4番   🎧 N1-3-32

5番   🎧 N1-3-33

6番   🎧 N1-3-34

7番   🎧 N1-3-35

8番   🎧 N1-3-36

9番   🎧 N1-3-37

10番   🎧 N1-3-38

11番   🎧 N1-3-39

12番   🎧 N1-3-40

13番   🎧 N1-3-41

14番   🎧 N1-3-42

問題5

問題5では、長めの話を聞きます。この問題には練習はありません。
問題用紙にメモをとってもかまいません。

1番、2番

問題用紙に何も印刷されていません。まず話を聞いてください。それから、質問とせんたくしを聞いて、1から4の中から、最もよいものを一つ選んでください。

― メモ ―

3番

まず話を聞いてください。それから、二つの質問を聞いて、それぞれ問題用紙の1から4の中から、最もよいものを一つ選んでください。

質問1

1 赤
2 青
3 緑
4 黒

質問2

1 赤
2 青
3 緑
4 黒

4 회 음성

정답 : **84p** / 스크립트와 해설 : **130~143p**

정답 수

/ **37** 문제

문제 풀이
목표 시간

60 분

問題1

問題1では、まず質問を聞いてください。それから話を聞いて、問題用紙の1から4の中から、最もよいものを一つ選んでください。

例

1　インタビューをする
2　ブログを更新する
3　間違った字を訂正する
4　写真の使用許可をもらう

1番

1 エプロンを受け取る

2 エプロンをする

3 園長の話を聞く

4 園内を見て回る

2番

1 旅館に問い合わせる

2 送迎サービスの有無を調べる

3 料理のプランを選択する

4 スケジュールを考える

3番

1 体験レッスンに行く

2 動きやすい服装に着替える

3 申込用紙に名前などを書く

4 クラスを見学する

4番

1 新商品のプレゼンの準備をする
2 課長に帰国することを伝える
3 向井さんに仕事を頼む
4 取引先に連絡する

5番

1 ファイルを今川駅に持っていく
2 ファイルを取引先に持っていく
3 契約書をコピーする
4 契約書のコピーを部長に渡す

6番

1 実行委員会に返事をもらう
2 実行委員会にメールで問い合わせる
3 パンフレットの必要数を確認する
4 印刷会社にパンフレットを発注する

問題 2

問題 2 では、まず質問を聞いてください。そのあと、問題用紙のせんたくしを読んでください。読む時間があります。それから話を聞いて、問題用紙の 1 から 4 の中から、最もよいものを一つ選んでください。

例

🎧 N1-4-11

1 夜遅くまで遊んでいたから
2 飲みすぎて寝坊したから
3 自転車の鍵をなくしたから
4 自転車がなかったから

1番

1 自己分析して、適性を調べること
2 自分がやりたい仕事について研究すること
3 インターネットで会社について調べること
4 会社を訪れたり、先輩の話を聞いたりすること

2番

1 結婚するから
2 会社をつくるから
3 体の調子が悪いから
4 ほかの会社に行くから

3番

1 日常生活をよく観察する
2 会議で同僚と話す
3 新しい店を調査する
4 誰かが得をすることから探す

4番

🎧 N1-4-15

1 成長を遅くする
2 昔と同じ方法に近づける
3 生き物がいない環境にする
4 消費者が望む方法にする

5番

🎧 N1-4-16

1 実際に父と相撲を見に行ったこと
2 父とテレビで相撲を見たこと
3 かっこいい力士を見たこと
4 仕事が少なくなり、時間ができたこと

6番

🎧 N1-4-17

1 インターネットを利用して店を出す
2 書店の中で猫を飼う
3 本などを車で移動販売する
4 運動の仕方を教えてくれる人を店におく

7番

1　健康運
2　旅行運
3　学業運
4　仕事運

問題 3

問題3では、問題用紙に何も印刷されていません。この問題は、全体としてどんな内容かを聞く問題です。話の前に質問はありません。まず話を聞いてください。それから、質問とせんたくしを聞いて、1から4の中から、最もよいものを一つ選んでください。

例　🎧 N1-4-20

1番　🎧 N1-4-21

2番　🎧 N1-4-22

3番　🎧 N1-4-23

4番　🎧 N1-4-24

5番　🎧 N1-4-25

6番　🎧 N1-4-26

問題 4
もんだい

問題 4 では、問題用紙に何も印刷されていません。まず文を聞いてください。それから、それに対する返事を聞いて、1 から 3 の中から、最もよいものを一つ選んでください。

例 ⌖ N1-4-28

1番 ⌖ N1-4-29

2番 ⌖ N1-4-30

3番 ⌖ N1-4-31

4番 ⌖ N1-4-32

5番 ⌖ N1-4-33

6番 ⌖ N1-4-34

7番 ⌖ N1-4-35

8番 ⌖ N1-4-36

9番 ⌖ N1-4-37

10番 ⌖ N1-4-38

11番 ⌖ N1-4-39

12番 ⌖ N1-4-40

13番 ⌖ N1-4-41

14番 ⌖ N1-4-42

問題 5

問題 5 では、長めの話を聞きます。この問題には練習はありません。

問題用紙にメモをとってもかまいません。

1番、2番　　　　$\bigcap$ N1-4-44　　$\bigcap$ N1-4-45

問題用紙に何も印刷されていません。まず話を聞いてください。それから、質問とせんたくしを聞いて、1から4の中から、最もよいものを一つ選んでください。

― メモ ―

3番

まず話を聞いてください。それから、二つの質問を聞いて、それぞれ問題用紙の1から4の中から、最もよいものを一つ選んでください。

質問1

1　伊武山
2　曽根山
3　牧野山
4　白井山

質問2

1　伊武山
2　曽根山
3　牧野山
4　白井山

5회 음성

정답 : 85p / 스크립트와 해설 : 144~157p

정답 수

/ **37** 문제

문제 풀이
목표 시간

60 분

問題 1

問題1では、まず質問を聞いてください。それから話を聞いて、問題用紙の1から4の中から、最もよいものを一つ選んでください。

例

1　インタビューをする

2　ブログを更新する

3　間違った字を訂正する

4　写真の使用許可をもらう

1番 ばん

🎧 N1-5-04

1 忘年会の日にちを知らせる
2 忘年会のポスターを貼る
3 忘年会の店を予約する
4 忘年会の余興を考える

2番 ばん

🎧 N1-5-05

1 情報量を増やす
2 制作会社に連絡する
3 サイトのデザイン案を考える
4 ほかの社員に意見を求める

3番 ばん

🎧 N1-5-06

1 クラスの振り替えをしてもらう
2 担当の先生に聞く
3 クラスを休む手続きをする
4 はんこを取りに帰る

4番

N1-5-07

1 37インチのテレビを買う
2 32インチのテレビを探す
3 山中店に行く
4 山中店に連絡する

5番

N1-5-08

1 就職支援サイトに登録する
2 大学の就職課に行く
3 先輩に話を聞く
4 履歴書を準備する

6番

N1-5-09

1 西村商事と商談をする
2 商談の資料を読む
3 課長に電話する
4 自分の仕事を誰かに頼む

問題 2

問題 2 では、まず質問を聞いてください。そのあと、問題用紙のせんたくしを読んでください。読む時間があります。それから話を聞いて、問題用紙の 1 から 4 の中から、最もよいものを一つ選んでください。

例

🎧 N1-5-11

1 夜遅くまで遊んでいたから
2 飲みすぎて寝坊したから
3 自転車の鍵をなくしたから
4 自転車がなかったから

1番 🎧 N1-5-12

1 映画監督
2 作家
3 教師
4 医者

2番 🎧 N1-5-13

1 子供が参加しやすいイベントがあるから
2 選手の近くで試合が見られるから
3 選手と触れ合う機会が多いから
4 マスコットキャラクターが好きだから

3番 🎧 N1-5-14

1 ペット禁止のマンションが増えたから
2 地震などの際に連れて避難するのが難しいから
3 散歩が面倒そうだと思われているから
4 飼い始めてから費用が多くかかるから

4番

1 夢や希望を忘れないこと
2 なぜそうなるのかよく考えること
3 上司や先輩の言うことをよく聞くこと
4 社会人として早く成長すること

5番

1 進級できないかもしれないから
2 アルバイトが忙しいから
3 雑用が多くてたいへんだから
4 授業でわからないところがあるから

6番

1 静かな場所に店があるから
2 駅から遠いのに行列ができたから
3 魚を使った特別なメニューがあるから
4 有名人がSNSに店の写真を載せたから

7番

1 運動をする

2 ビールを飲む

3 うちで反省する

4 仕方がないと考える

問題 3

　問題 3 では、問題用紙に何も印刷されていません。この問題は、全体としてどんな内容かを聞く問題です。話の前に質問はありません。まず話を聞いてください。それから、質問とせんたくしを聞いて、1 から 4 の中から、最もよいものを一つ選んでください。

例　　🎧 N1-5-20

1番　🎧 N1-5-21

2番　🎧 N1-5-22

3番　🎧 N1-5-23

4番　🎧 N1-5-24

5番　🎧 N1-5-25

6番　🎧 N1-5-26

問題 4

問題 4 では、問題用紙に何も印刷されていません。まず文を聞いてください。それから、それに対する返事を聞いて、1 から 3 の中から、最もよいものを一つ選んでください。

例 🎧 N1-5-28

1番 🎧 N1-5-29

2番 🎧 N1-5-30

3番 🎧 N1-5-31

4番 🎧 N1-5-32

5番 🎧 N1-5-33

6番 🎧 N1-5-34

7番 🎧 N1-5-35

8番 🎧 N1-5-36

9番 🎧 N1-5-37

10番 🎧 N1-5-38

11番 🎧 N1-5-39

12番 🎧 N1-5-40

13番 🎧 N1-5-41

14番 🎧 N1-5-42

問題 5

問題 5 では、長めの話を聞きます。この問題には練習はありません。
問題用紙にメモをとってもかまいません。

1 番、2 番

問題用紙に何も印刷されていません。まず話を聞いてください。それから、質問とせんたくしを聞いて、1 から 4 の中から、最もよいものを一つ選んでください。

―　メモ　―

3番 ばん　🎧 N1-5-46

　まず話を聞いてください。それから、二つの質問を聞いて、それぞれ問題用紙の1から4の中から、最もよいものを一つ選んでください。

質問1 しつもん　🎧 N1-5-47

1　コース1
2　コース2
3　コース3
4　コース4

質問2 しつもん

1　コース1
2　コース2
3　コース3
4　コース4

집필진 소개

上田暢美 (うえだ のぶみ) **우에다 노부미**
大学・日本語学校非常勤講師
대학·일본어학교 비상근 강사

内田嘉美 (うちだ よしみ) **우치다 요시미**
日本語学校非常勤講師
일본어학교 비상근 강사

桑島卓男 (くわじま たくお) **구와지마 타쿠오**
元日本語講師／北海道厚沢部町公営塾 講師
전 일본어 강사, 홋카이도 앗사부초 공영 학원 강사

糠野永未子 (ぬかの えみこ) **누카노 에미코**
大学・日本語学校非常勤講師
대학·일본어학교 비상근 강사

吉田歌織 (よしだ かおり) **요시다 카오리**
大学・日本語学校非常勤講師
대학·일본어학교 비상근 강사

若林佐恵里 (わかばやし さえり) **와카바야시 사에리**
日本語教師／日本語教師養成講座講師／ライター
일본어 교사, 일본어 교사 양성 강좌 강사, 작가

해석
보기

단어
보기

단어
듣기

1회

問題 1

例	3
1 番	3
2 番	2
3 番	3
4 番	1
5 番	2
6 番	4

問題 2

例	4
1 番	3
2 番	4
3 番	3
4 番	1
5 番	1
6 番	2
7 番	1

問題 3

例	2
1 番	1
2 番	3
3 番	4
4 番	2
5 番	2
6 番	1

問題 4

例	2
1 番	1
2 番	3
3 番	1
4 番	3
5 番	1
6 番	2
7 番	2
8 番	3
9 番	3
10 番	1
11 番	2
12 番	2
13 番	2
14 番	2

問題 5

1 番	3	
2 番	2	
3 番	質問 1	1
	質問 2	3

2회

問題 1

例	3
1番	4
2番	4
3番	2
4番	3
5番	1
6番	1

問題 2

例	4
1番	4
2番	2
3番	3
4番	4
5番	3
6番	2
7番	3

問題 3

例	2
1番	1
2番	2
3番	3
4番	3
5番	4
6番	2

問題 4

例	2
1番	3
2番	2
3番	1
4番	1
5番	3
6番	1
7番	1
8番	2
9番	2
10番	1
11番	3
12番	2
13番	1
14番	3

問題 5

1番		1
2番		3
3番	質問1	4
	質問2	1

3회

問題 1

例	3
1番	3
2番	2
3番	2
4番	1
5番	4
6番	2

問題 2

例	4
1番	4
2番	1
3番	4
4番	4
5番	2
6番	3
7番	2

問題 3

例	2
1番	1
2番	2
3番	4
4番	3
5番	4
6番	2

問題 4

例	2
1番	2
2番	2
3番	3
4番	1
5番	1
6番	3
7番	2
8番	3
9番	2
10番	1
11番	3
12番	3
13番	2
14番	1

問題 5

1番		3
2番		1
3番	質問1	2
	質問2	3

4회

問題 1

例	3
1番	2
2番	1
3番	4
4番	3
5番	3
6番	1

問題 2

例	4
1番	4
2番	2
3番	1
4番	2
5番	3
6番	3
7番	4

問題 3

例	2
1番	2
2番	1
3番	2
4番	3
5番	2
6番	1

問題 4

例	2
1番	1
2番	3
3番	1
4番	2
5番	3
6番	2
7番	3
8番	1
9番	3
10番	2
11番	1
12番	2
13番	1
14番	3

問題 5

1番		3
2番		2
3番	質問1	1
	質問2	2

問題 1

例	3
1番	1
2番	4
3番	2
4番	3
5番	2
6番	3

問題 2

例	4
1番	1
2番	3
3番	3
4番	2
5番	1
6番	4
7番	1

問題 3

例	2
1番	2
2番	4
3番	2
4番	3
5番	1
6番	3

問題 4

例	2
1番	3
2番	1
3番	3
4番	2
5番	1
6番	1
7番	2
8番	2
9番	3
10番	1
11番	2
12番	1
13番	2
14番	1

問題 5

1番	3	
2番	2	
3番	質問1 3	
	質問2 2	

N1 청해 스크립트와 해설

(M:남성 F:여성)

1회

問題1　　　　　　　　　🎧 N1-1-02

例　正答　3　　　　　　　🎧 N1-1-03

会社で女の人と男の人が話しています。女の人はこのあとまず何をしますか。

F：片山さん、社内ブログの記事を書いたんですが、ちょっと見ていただけませんか。

M：いいよ。ブログが始まってからちょうど1年か。このハワイ支社のイモトさんのインタビュー記事、面白く書けてるね。

F：ありがとうございます。ただ、このブログ、まだ十分に知られていないみたいで、閲覧数も最近あまり伸びていないんです。

M：でもまぁ、まめに更新していたらそのうち増えるんじゃない。あれ、イモトさんのモトって、元気のゲンじゃなかったっけ。

F：すみません。

M：すぐ直しといてね。それから、写真使用の許可を取った？

F：あ、そちらは問題ありません。

女の人はこのあとまず何をしますか。

1番　正答　3　　　　　　　🎧 N1-1-04

大学で男の留学生と女の留学生が話しています。男の留学生はこのあとまず何をしますか。

M：今度、留学生会の旅行の担当になったんだ。

F：へえ。お疲れさま。プランを考えて予約しないといけないから、結構大変だよ。

M：うん。1泊2日の旅行を考えなくちゃいけないんだけど、日本でそんなに旅行してないから、ちょっと不安で。

F：それだったら、林さんに聞いたら？　旅行好きで詳しいと思うよ。都道府県、すべて行ったことがあるんだって。

M：うん、林さんに相談に乗って (注) ほしいって言ったんだけど、課題で忙しいらしくって。

F：そっか。そう言えば、うちのゼミの鈴木さんが最近温泉旅行に行って、そこが2食付だったけど、格安だったって言ってたよ。

M：温泉かあ。それもいいね。日本の旅行って感じで。あ、じゃあ、連絡先、教えてもらえる？

F：うん、じゃあ念のため、私から連絡先教えていいか、聞いてみるね。でも、温泉が好きじゃないって人もたまにいるから、先にみんなに聞いたほうがいいよ。

M：そうだね。

F：まあ、とりあえず、鈴木さんに連絡してみるね。

M：ありがとう。

男の留学生はこのあとまず何をしますか。

(注)「相談に乗る 상담에 응하다」= 상대방의 상담 내용을 듣다

2番　正答　2　　🎧 N1-1-05

広告会社で女の人と課長が話しています。女の人はこのあとまず何をしますか。

F：課長、英会話スクールの広告ができあがったので、見ていただけますか。これなんですが。

M：うーん、スクール名をもうちょっと大きくしないとね。それから……。全部文字が小さくない？　情報を入れすぎなんだと思うよ。

F：先方からこれだけは書いてほしいって依頼だったので……。

M：少し削除したほうがすっきりするよ。

F：私もそう思ったんですが。

M：ちょっと貸してみて。こうやって、こうやって、この辺を直すとすっきりしない？

F：確かにこれだと、分かりやすくていいですね。でも、先方の意向に沿えない（注）気がするんですが……。

M：前のと今の改訂したものを送って、こちらをお勧めしてみたら？

F：そうですね。念のため、チームの山田さんにも確認してもらいますね。

M：そのほうがいいね。それから、いきなり送らないで、電話してからね。

F：承知いたしました。

女の人はこのあとまず何をしますか。

（注）「意向に沿う　의향에 따르다」＝ 어떤 사고방식에 따르다

3番　正答　3　　🎧 N1-1-06

男の人と係の人がカウンセリングの講習会について話しています。男の人は講習会の日にまず何をしなければなりませんか。

M：あのう、来週の土曜日から始まる講習会に参加したいんですが、まだ空きがありますか。

F：ああ、高橋先生のカウンセリングの講習会ですね。こちらにお名前とご連絡先をお願いいたします。

M：はい。受講料は9万円でしたよね。

F：あ、すみません、費用は振り込みでお願いしておりますので、期日までにこちらの口座にお願いいたします。

M：えっ、そうなんですか。分かりました。

F：当日は、1時間前から開場しますが、いらっしゃったら、受付でネームプレートをお受け取りください。あと、こちらの本を事前に読んでおいていただくことになっておりますので、お願いします。

M：そうですか。分かりました。

F：では、ご記入が終わりましたら、こちらまでお持ちください。

男の人は講習会の日にまず何をしなければなりませんか。

4番　正答　1　　🎧 N1-1-07

不動産屋で女の人と店の人が話しています。女の人はこのあとまず何をしなければなりませんか。

F ：すみません。今住んでいるアパートを引き払い^(注1)たいんですけど……。

M ：分かりました。お引越しはいつですか。

F ：10月7日の予定です。

M ：承知いたしました。では、10日までに鍵を返していただきますと家賃は日割り^(注2)計算になります。それ以降になりますと1か月分の家賃がかかってしまいますので、お気をつけください。

F ：はい。

M ：では、こちらの解約届に必要事項を記入していただいて、こちらにはんこをお願いします。

F ：すみません。今日、持ってないんですけど……。

M ：では、こちらの書類にはんこを押して明日までに持ってきていただけますか。それから、引越しの前に電気とガスをその日でとめてもらうようご自身でお手続きをお願いします。

F ：分かりました。ほかにすることはありますか。

M ：そうですね……。これは当社の手続きではないんですが、郵便局に転居届を出しておかれるといいですよ。あ、もちろん市役所に転居届は出しておいてくださいね。ちなみに、引越し業者はお決めになりましたか。

F ：あ、それは手配してあります。

女の人はこのあとまず何をしなければなりませんか。

(注1)「引き払う 퇴거하다, 집을 내놓다」＝ 정리하고 다른 곳으로 옮기다

(注2)「日割り 일수・일할 (계산)」＝ 월급이나 지불을 하루에 얼마라고 정하는 것

5番　정답　2

大学で留学生と先生が話しています。留学生はこのあと資料をどう直しますか。

M ：先生、お忙しいところすみません。今度の発表の配布資料なんですが、目を通していただけないでしょうか。

F ：ああ、もうできたの？　どれ、見せて。ああ日本家屋^(注1)についてか。結構調べたね。でも、これちょっと長いんじゃない？　発表の時間は質疑も入れて一人15分ぐらいしか取れないし、資料は多くても2枚ぐらいにしないと。

M ：そうですよね。調べているうちにどんどん興味が広がってきてしまって。日本家屋の歴史は説明するだけじゃ分かりにくいので、資料から削りにくいかなと思うんですが。

F ：うーん、じゃあ、この部分を簡単な年表にするのはどう。視覚的にも分かりやすいし。

M ：ええ、それは最後の部分に入れていて。

F ：そう。それはいいか。あとは、長文じゃ分かりにくいから、短い文で簡条書き^(注2)にすること。それだけで随分すっきりするよ。それとあまり古い時代のは省いたらどう？

M ：あ、実はそこが一番興味があるところでして。

F ：そう。そこは大切にしないとね。じゃあ、これぐらいでいいんじゃないかな。それから、配布する資料はちょっと多めに準備しておいてね。ほかの先生方もいらっしゃるって言ってたから。

M ：はい、分かりました。どうもありがとうございました。

留学生はこのあと資料をどう直しますか。

(注1)「日本家屋 일본 가옥」 = 일본 주택 (여기서는 일본의 전통적인 건축 양식을 갖춘 주택을 의미)

(注2)「箇条書き 항목별 쓰기」 = 이해하기 쉽게 하기 위해 어떤 사항을 몇 개로 나누어 적는 것

6番　정답　4　　🎧 N1-1-09

宝石の会社で男の人と女の人が話しています。女の人はこのあとまず何をしなければなりませんか。

M：ただ今戻りました。

F：課長、お疲れさまです。先ほど、寺田商事の山田様から連絡がありまして。昨日発送した企画品のネックレスの数が発注した数と合わないらしいんですが……。

M：え？

F：50点納品するところ、商品が40点しか入っていなかったとのことでした。こちらから確認でき次第、ご連絡すると伝えましたが。

M：それって、明日から始まる催事（注）の分だよな。じゃあ、まず、うちにある在庫を確認してくれる？　あれば、今から持って行けば間に合うだろう？

F：ええ、在庫は5点しかなかったので商品部に確認したんですが、横浜支社に7点、大阪支社に20点あるそうでして。

M：そうか、それなら大阪からのほうが速いな。大阪支社の在庫が出せるかどうか聞いてみて。それから、先方に直送してもらえるように手配しておいてくれる？

F：はい、承知しました。それではとりあえず、山田様にお電話を入れておきますね。

M：あ、それは僕がしとくよ。時間もないし、そっちを先にお願い。それと、明日の午前10時必着でって、念を押しといてね。遅れるとまずいから。

F：分かりました。

女の人はこのあとまず何をしなければなりませんか。

(注)「催事 특별 전시(행사)」 = 전시회 같은 특별한 이벤트 등을 의미

問題2　　🎧 N1-1-10

例　정답　4　　🎧 N1-1-11

大学で女の学生と男の学生が話しています。男の学生はどうして遅刻したと言っていますか。

F：あれ？　どうしたの。元気ないじゃない。

M：うん、またクラブの朝練習に遅刻しちゃったんだよね。

F：えっ、また？　寝坊したの？

M：いや、確かに、友達と夜中までゲームやってて寝過ごしそうにはなったんだけど。

F：やっぱり。お酒も飲んだんでしょう。

M：まあ、飲んだけど、ちゃんといつもの時間には起きたんだよ。それで、自転車で大学に行こうと駐輪場に行ったんだけど、自転車に乗ることができなくて。

F：え？　鍵をなくしたとか？

M：いや、それが、昨日バイト先に置いて帰ってきたのをすっかり忘れてたんだよね。

F：ああ、それで。

男の学生はどうして遅刻したと言っていますか。

1番　정답　3　🎧 N1-1-12

社長が自分の会社について話しています。社長は社員の働き方をどのように変えることにしましたか。

F：最近、この業界でも、働き方を変えようという動きが広まってきています。当社でも残業時間を減らしたり、出勤時間を自由にしたりといろいろ取り組んできました。それぞれに自由に使える時間が増えれば、仕事に対するモチベーションが上がる⁽注⁾のではないかと思ったからです。しかし、これで生産性が高まったかと言うと、残念ながら結果がついてきておらず、かえって労働時間が増えたという人が多くなりました。では逆に、時間をかければかけるほど仕事の質が上がるかと言われれば、実はそうでもないというのが現状です。労働の質を上げるためにどうすればいいのか考えた結果、会社が社員の労働時間をコントロールするというのではなく、それぞれがタスクの完成を中心としたスケジュールを組むということにしました。

社長は社員の働き方をどのように変えることにしましたか。

(注)「モチベーションが上がる 모티베이션이 올라가다, 동기 부여가 되다」= 의욕이나 하고자 하는 마음이 생기다

2番　정답　4　🎧 N1-1-13

大学で女の学生と男の学生が話しています。男の学生はどうして休学すると言っていますか。

F：ねえ、休学するって聞いたんだけど、本当？

M：ああ、ずっとやりたいと思ってたことがあって。辞めることも考えたんだけど、親が反対してね。

F：そりゃね。で、何するの？

M：実は、世界を回ろうと思って。今の世界を自分の目で見たいんだ。そのうちに自分にできることが見つかるんじゃないかと思って。

F：海外ボランティアとかするの？

M：うーん、実はさ、将来的には写真で食べていけたら⁽注⁾って思ってて。それで、まずは自分の力を試したいんだ。

F：そうなんだ。夢に向かって踏み出すってわけね。じゃあ、応援する。たまには連絡してよね。

M：ありがとう。どうなるか分からないけど、精いっぱいやってみるよ。

男の学生はどうして休学すると言っていますか。

(注)「写真で食べていく 사진으로 먹고 살다」= 사진과 관련된 일(=사진가)을 해서 돈을 벌며 살아가다

3番　정답　3　🎧 N1-1-14

テレビで男のアナウンサーと女の人が話しています。女の人はダンスを始めて何が一番よかったと言っていますか。

M：こんにちは。「健康第一」の時間です。今日は作家の竹内あき子さんにお越しいただきました。さて、竹内さんは今年90歳におなりだそうですが、健康の秘訣（注1）をお聞かせ願えませんか。

F：そうですね。1週間に1回ダンス教室に通っているんですけど、これが秘訣と言えば秘訣でしょうかね。

M：ダンスですか。またどうしてダンスを？

F：孫の勧めで始めたんですけどね、もう、かれこれ20年ぐらいでしょうか。初めは本当に大変で、しばらくは足が痛くて動けませんでしたよ。

M：ええ！　そんなに大変なのに、よく続けられましたね。

F：それがだんだん慣れるものなんですね。おかげで足腰が強くなって、今では1時間ぐらいなら踊り続けても平気なんですよ。それに、うふふ。私の通っている教室は若くて素敵な方が多いから、気持ちも若返っちゃって（注2）。これが何より（注3）ですね。

M：それはそれは。竹内さん、今後の目標は？

F：この調子でダンスをがんばって、100歳までは現役で続けたいですね。

M：今後のご活躍、楽しみにしております。ゲストの竹内あき子さんでした。

女の人はダンスを始めて何が一番よかったと言っていますか。

4番　정답　1　🎧 N1-1-15

会社で女の人と課長が話しています。課長はプレゼンテーションをどのように直せばいいと言っていますか。

F：課長、プレゼンの練習に付き合ってくださってありがとうございました。一度通してみて、注意すべきところがよく分かりました。

M：どこがよくなかったと思う？

F：原稿を見過ぎて、聞いている人のほうをほとんど見られなかったところです。

M：そうだね。でも、声も大きくてはきはきと話せていたし、よかったよ。ちょっとグラフの中の字が小さいかなって思った部分もあったけど、まあ、許容範囲（注）かな。

F：じゃあ、それはこのままで。あと、ここを改善すればというところがあれば、教えてください。

M：そうだな。自分で言ってたところぐらいかな。あとはリラックスして話すだけだよ。

課長はプレゼンテーションをどのように直せばいいと言っていますか。

5番　정답　1　🎧 N1-1-16

大学で先生が茶碗の一部の写真を見せながら話しています。先生はこの茶碗の価値はどのような点にあると言っていますか。

F ：えー、次の写真をご覧ください。これは最近京都市内で発掘された500年ほど前の茶碗の一部です。井戸茶碗といって、高麗、今の朝鮮半島から海を渡ってきた大変貴重なものです。あちらでは当時、普段づかいの食器として使用されていたものですが、その価値を日本の茶人（注1）が見出し、日本で大変珍重されていました。日本でも同じような物を作ろうとしていましたが、やはり難しかったようです。この写真の茶碗は戦国時代（注2）に焼失（注3）してしまったと言われる幻の茶碗の絵と似ており、特に貴重です。同じ現場からは、当時としては大変珍しい、赤い茶碗の一部も見つかっており、研究者の間では、さらなる新発見への期待が高まっています。

先生はこの茶碗の価値はどのような点にあると言っていますか。

> **（注1）**「茶人 다인」 = 다도에 정통한 사람 (차인(茶人) 이라고도 한다)
> **（注2）**「戦国時代 전국시대」 = 15세기 중반부터 16세기 중반경까지의 일본 내란의 시기
> **（注3）**「焼失 소실」 = 화재 등으로 타 없어짐

6番　정답　2　🎧 N1-1-17

テレビでレポーターがある町について話しています。この町が転機（注1）を迎えたきっかけは何だったと言っていますか。

M ：私は今、森山町に来ています。かつては農業で栄えたこの町ですが、多くの若者が都会に出て、すっかり活気をなくしていました。多くの山間部と同様に、過疎化、高齢化が大きな問題となっていたのです。しかし、昨年4月に新町長が就任し、地域再生へ向け、大きな一歩を踏み出しました（注2）。この町の雄大な自然と元気なお年寄りに着目し、公営の「農家民泊（注3）」という新しい事業を始めたのです。都会からの移住者を迎え入れる制度を作る一方で、お年寄りも活躍できる産業を考えたそうです。今では、若者とお年寄りが協力して働く姿が見られるようになりました。

この町が転機を迎えたきっかけは何だったと言っていますか。

> **（注1）**「転機 전기, 전환기, 터닝 포인트」 = 다른 상태가 되는 계기
> **（注2）**「一歩を踏み出す 한 걸음 내딛다, 새 출발을 하다」 = 일을 새롭게 시작하다
> **（注3）**「民泊 민박」 = 일반 민가나 빈집을 숙박 시설로 이용하는 것

7番　정답　1　🎧 N1-1-18

喫茶店で女の人と男の人が話しています。女の人はどうやってパーティーに行きますか。

F ：明日、川村先生の新刊の出版記念パーティーがあるんだけど。車で送ってくれない？　地下鉄で行こうと思ってたんだけど、荷物も多いし、混んでるし。

M ：いいよ。何時頃、どこに送ればいいの？

F ：6時に受付開始だからね。準備のことを考え

るとその2時間前には行ってないと。あ、場所は、会社の近くにホテルがあるでしょ？ 歩いて行けるところ。そこ。

M：ああ、あのホテルね。帰りはどうするの？

F：帰りはタクシーで帰るから。

M：分かったよ。

F：助かった。このお礼はいつか必ずするから。

M：ん？ ちょっと待って。あの辺りって、今、道路工事中だよね？ 渋滞してたら時間も結構かかりそうだし、どうかな。

F：ああ、それじゃ、しょうがないね。じゃあ、悪いけど一緒に荷物、持って行って。

女の人はどうやってパーティーに行きますか。

問題3 🎧 N1-1-19

例 정답 2 🎧 N1-1-20

女の人が男の人にコンサートの感想を聞いています。

F：この間話していたオペラ歌手のコンサート、行ったんでしょ？ どうだった？

M：うん、すごく豪華でよかったよ。歌はもちろん、衣装も舞台もとにかく素晴らしかったよ。でも、周りの観客がなあ。一部の人が騒ぎすぎてうるさくて。もっと静かに聴けたらよかったんだけど。コンサートで盛り上がるのはいいんだけど、ちょっとあれはって思うんだよね。

男の人はコンサートについてどう思っていますか。

1 歌もよく、観客も静かだった

2 歌はよかったが、観客が騒がしかった

3 歌はよくないし、観客も騒がしかった

4 歌はよくなかったが、観客は静かだった

1番 정답 1 🎧 N1-1-21

看護学校の授業で先生が話しています。

M：よい看護師とはどんな看護師だと思いますか。患者さんの気持になって、患者さんの求めているものを感じ取り、先回りして対応してあげるのがよい看護師でしょうか。実は、そうではないのです。入院している患者さんは、元の生活に戻るために闘病(注)生活をしたり、リハビリをしたりしているわけです。ですから、看護師がすべてしてあげたら、以前できたことを再びできるようにはなりません。看護師は、どんなにじれったくても、決して手を貸してはいけないときがあります。患者さんが患者さん自身でできるようになるために、黙って見守ることが一番重要なのです。

先生は何について話していますか。

1 看護師にとって大事なこと

2 患者の入院生活について

3 看護師になるための方法

4 患者の心情の読み取り方

(注)「闘病 투병」＝ 병을 고치기 위해 몸을 쉬고 회복을 도모하는 것

2番　정답　3　　　🎧 N1-1-22

こうえんかい おんな ひと はな
講演会で女の人が話しています。

F ：現在、電気自動車の分野において各メーカーが
しのぎを削って^(注1)いますが、乗り越えなく
てはならないハードル^(注2)がいくつかありま
す。まずはバッテリーです。高性能モーターに
必要な動力を得るためのバッテリーについて
は、まだまだ多くのコストがかかり、各メーカ
ーとも電機メーカーと協力して開発に取り組
んでいます。次に充電スポットの問題です。走
行距離が伸びたと言っても出先で充電できな
くては、遠出はあきらめざるを得ないでしょう。
充電スタンドが各地にできるようになれば、
電気自動車での行動範囲もぐっと広がるはずで
す。

おんな ひと なに はな
女の人は何について話していますか。

でんき じどうしゃ せいのう
1 電気自動車の性能
でんき じどうしゃ
2 電気自動車のメリット
でんき じどうしゃ かだい
3 電気自動車の課題
でんき じどうしゃ かかく
4 電気自動車の価格

> (注1)「しのぎを削る 격전을 벌이다」= 격렬하게 싸우
> 다, 경쟁하다
> (注2)「ハードル 장애물(hurdle)」= 어려운 일

3番　정답　4　　　🎧 N1-1-23

だいがく おとこ がくせい おんな がくせい はな
大学で男の学生と女の学生が話しています。

M ：山本さんは今何かアルバイトしてるんだっけ？

F ：時間ができたときに短期で時給のいいバイト
を狙ってやってるよ。部活の練習や試合もある
から。

M ：忙しいもんね。短期バイトかあ。時給がいい
のも魅力的だけど、毎回違う仕事も大変そう
だね。

F ：あれ、佐藤くんも何かしてなかったっけ？

M ：うん。でも、最近、シフト、あまりたくさん入
れてもらえなくなっちゃったんだ。それで、次
のを探してて。せっかく働くなら興味のある
接客業でって思ってるんだ。時給はいいに越
したことはないけど、将来につながるといい
なって。そこでいろいろな仕事をしっかり覚え
られたら、就活^(注)で役に立つと思うんだよね。

F ：ふうん。いろいろ考えてるんだね。

おとこ がくせい かんが
男の学生はアルバイトについてどのように考えてい
ますか。

きゅうりょう
1 給料のいいアルバイトがしたい
たんき しごと けいけん
2 短期でいろいろな仕事を経験したい
いま おお はたら
3 今までより多く働けるアルバイトをしたい
しゅうしょく い しごと けいけん つ
4 就職に活かせる仕事で経験を積みたい

> (注)「就活 구직 활동」= 취직・취업 활동

4番　정답　2　　　🎧 N1-1-24

テレビでアナウンサーが話しています。

F ：今の政府は女性の社会進出を進めていますが、
一度家庭に入るとなかなか仕事に戻れないとい

う現状があります。保育所不足により、子供を預けられず仕事に戻れない母親の話はよく聞きますね。しかし、それだけではありません。所得(注1)が一定額を超えると、課税額(注2)が大幅に増えるために、仕事を制限している人も多いのです。意欲のある女性もこのために躊躇する(注3)のです。政府には、女性が働きやすい環境を作るべく、社会保障制度とともに社会の仕組みを考えてもらいたいものです。

アナウンサーは何について話していますか。

1　保育所不足の原因
2　女性の社会復帰における課題
3　税金制度の問題と改善案
4　今の政府の新しい政策

> (注1)「所得 소득」= 수입
> (注2)「課税額 과세액」= 할당된 세금의 금액
> (注3)「躊躇する 주저하다」= 무엇인가 하기를 망설이다

醍醐味(注2)を味わえたことは忘れられない経験になったと思います。これからは、一OB(注3)として、チームをサポートしていけたらと思います。

スポーツ選手は主に何について話していますか。

1　去年のチームの結果報告
2　選手生活を通じて得たこと
3　チームの今後の方針
4　サポートの重要性

> (注1)「身をもって 몸소」= 자신의 몸으로, 실제 체험으로써
> (注2)「醍醐味 묘미」= 사물의 진정한 재미
> (注3)「OB 선배」= 졸업생이나 선배 (여기서는 선수 생활을 마친 사람)

6番　정답　1　🎧 N1-1-26

会社で男の人と女の人が話しています。

M：デザイン室の田中さんの作品、すごかったですよね。

F：そうそう。前のもよかったんだけど今度はコンセプトが全然違っていて。あの色遣いとか形とか、かっこよすぎて感動すら覚えちゃった。

M：前のは繊細でどこかはかなげな女性っていうイメージでしたよね、上品で。でも今回は活発で生き生きとした働く女性って感じですよね。さすがですよね。

F：そうそう。この辺りの表現力って、やっぱりそんじょそこら(注)の人とは違うよね。それに

5番　정답　2　🎧 N1-1-25

テレビでスポーツ選手が話しています。

M：ファンの皆様、昨年はあまり良い結果をご報告できず申し訳ありません。この1年は勝負の厳しさを、身をもって(注1)知ることになりました。ただ、苦い経験だけでなく、かけがえのない経験をさせていただいたことも事実です。勝利の喜びはもちろん、仲間との出会いや力を合わせることの大切さなど、団体競技の醍

彼女がいるだけで、その場のムードからして違うしね。

M：次回も楽しみですね。今からわくわくしちゃいますよ。

F：ほんと、待ち遠しいよね。

二人は何について話していますか。

1　デザイナーの才能
2　デザイナーの性格
3　デザインの良し悪し
4　デザインのコンセプト

（注）「そんじょそこら 그저 그런」= 그 근처의 (어디에나 평범하게 존재함을 의미)

問題4　　　　　　　　🎧 N1-1-27

例　正答　2　　　　　🎧 N1-1-28

M：隣のビルの工事がこんなにうるさくちゃ、仕事にならないよ。

F：1　仕事がないのかなあ。
　　2　来週末までらしいよ。
　　3　もうすぐうるさくなるね。

1番　正答　1　　　　　🎧 N1-1-29

F：ちょっとまだコツがつかめて（注）いなくて……。間違っていたら、おっしゃってくださいね。

M：1　今のところ、大丈夫だよ。
　　2　つかむのは簡単だよな。
　　3　言うまでもないよ。

（注）「コツをつかむ 요령을 터득하다」= 일을 잘 처리하기 위해 요령을 터득하다 (여기서는 「こつがつかめていない 요령을 터득하지 못했다」로, 처리 방법을 잘 모르고 있다는 의미)

2番　正答　3　　　　　🎧 N1-1-30

M：急にみんなで押しかけてごめんね。本当にお邪魔しちゃって（注）いいのかな。

F：1　邪魔になっちゃうから、出かけるね。
　　2　ちょっと今忙しいので、今日は無理なんです。
　　3　あっ、どうぞ、どうぞ。何もないけど。

（注）「お邪魔する 실례하다」= 남의 집 등에 방문하다

3番　正答　1　　　　　🎧 N1-1-31

F：今度配属されたうちの新人、仕事中におしゃべりばかりで話にならない（注）よ。

M：1　困ったもんだね。今どきの若い者は……。
　　2　話が難しすぎるのかな。
　　3　最近の子は大人しくていいね。

（注）「話にならない 말도 안 된다, 말도 못 한다」= 논외다, 말할 가치도 없을 정도로 수준이 낮다

4番　정답　3　🎧 N1-1-32

M：こんなにたくさんの宿題、今日中に終わりっこない(注)よ。

F：1　終わったらいいのに。

　　2　やらずじまいだったね。

　　3　でも、とにかくやってごらん。

(注)「終わりっこない 끝날 리가 없다」＝ 절대 끝나지 않는다 (「終わるわけがない 끝날 리가 없다」의 구어체 표현)

5番　정답　1　🎧 N1-1-33

F：もうさ、ぐだぐだ言ってないで、あのことは水に流して(注)いいかげん仲直りしたら。

M：1　もう忘れようとは思ってるんだけど、なかなか……。

　　2　本当に仲よくなったよな。

　　3　全部、きれいにするわけにはいかないよ。

(注)「水に流す 물에 흘려 버리다, 없던 일로 하다」＝ 과거의 일을 모두 없었던 것으로 하다

6番　정답　2　🎧 N1-1-34

M：ああ、集中しすぎて肩が凝っちゃった。ちょっと一息入れ(注)ない？

F：1　そう？　もうちょっと入れない？

　　2　え、あと少しがんばろうよ。

　　3　じゃあ、新しいの、入れようか。

(注)「一息入れる 한숨 돌리다」＝「休憩する 휴식하다」,「一休みする 잠시 쉬다」

7番　정답　2　🎧 N1-1-35

F：課長、お客様がお見えになったので、ちょっと席を外しても(注)よろしいでしょうか。

M：1　いいよ、ここにかけてください。

　　2　どうぞ。急がないから。

　　3　じゃあ、すぐにいすを持ってくるよ。

(注)「席を外す 자리를 비우다」＝ 자리를 뜨다 (여기서는 여자가 이곳에서 벗어나도 되는지 확인하고 있다)

8番　정답　3　🎧 N1-1-36

M：あ、雨。いけない。洗濯物干しっ放しで来ちゃった。

F：1　心配しないで。ちゃんと干しておいたから。

　　2　ほんとにそんなことしちゃいけないよね。

　　3　向こうの空は明るいしすぐに止むと思うけど。

9番　정답　3　🎧 N1-1-37

F：そんな急に参加を取り消すって言われてもね……(注)。

M：1　そうですね。大変でしょう。

　　2　いえ、私は困りませんが。

3 すみません、いろいろありまして。

(注) 상대방의 말에 대한 불만이나 당혹감을 나타내고 있다.

10番 정답 1 🎧 N1-1-38

M：あー、小林さんちょっと。君の論文、読ませてもらったけど、申し分ない^(注)ね。

F：1 ありがとうございます。先生のご指導のおかげです。

2 そうですか。ご指摘の点、すぐ書き加えます。

3 どうしたらいいか分からなくて。申し訳ありません。

(注) 「申し分ない 나무랄 데가 없다」= 문제가 없다, 완벽하다

11番 정답 2 🎧 N1-1-39

F：あっ、またやったのね。ほんとにおっちょこちょい^(注)なんだから。

M：1 分かった。これからはちょくちょく連絡するよ。

2 ごめん。気をつけてたつもりだったんだけど。

3 そうなんだ。もう一度やるように言ったら？

(注) 「おっちょこちょい 덜렁대다」= 침착하게 생각하지 않고 행동하는 것

12番 정답 2 🎧 N1-1-40

M：お忙しいところ申し訳ありませんが、来週中のどこかでお時間をいただけないでしょうか。

F：1 お取り次ぎいたします。

2 水曜日の午後はいかがですか。

3 じゃあ、弊社の会議室はいかがでしょう。

13番 정답 2 🎧 N1-1-41

F：昨日はかろうじて抑える^(注)ことができたけど、加藤さんのわがままには付き合いきれないよ。

M：1 うん、付き合えばよかったね。

2 そうか。いろいろ大変そうだね。

3 ふうん、抑えられたってわけか。

(注) 「かろうじて抑える 간신히 억누르다」= 겨우 억제하다 (여기서는 가토 씨의 이기심에 대한 감정을 억눌렀다는 것)

14番 정답 2 🎧 N1-1-42

M：あ、もうこんな時間。長居しすぎちゃった。もう失礼し^(注)ないと。

F：1 そうですね、失礼しないほうがいいですね。

2 本当ですね。じゃ、そろそろ。

3 大丈夫。そんなに失礼じゃないですよ。

(注) 「失礼する 실례하다」= 그 자리를 뜨다 (여기서는 돌아가야 한다는 것)

1番　정답　3　　　　　　　🎧 N1-1-44

本屋で店長と店員が売り場について話しています。

M：先週からアニメフェアで、アニメになったマンガの本を集めて売り場を作っているけど、いまいち売れ行きが芳しくない(注1)んだよ。何か改善できないかな。

F：そうですね。もう少し飾りを派手にしてみますか。離れたところからも何かやってるなって見えるように。

M：それは今でも十分だと思うよ。逆に派手すぎると近寄り難いっていう人もいるからね。

F：紹介の文はもう付いているし。このポップカード(注2)は結構いいと思うんですよね。

M：うん。これを見て買いたくなったって言うお客さんもいるからね。

F：ええ。それから、前から思ってたんですが、アニメやマンガが趣味じゃない人にも手に取ってもらえたらいいですよね。マンガのコーナーには、はなから(注3)近づかないって人も多いでしょうし。

M：そうなんだよ。

F：マンガ以外にも関連の書籍を置いてみたらどうですか。たとえば、聖地巡礼(注4)がはやっているぐらいですから、舞台となった土地のガイドブックとか。

M：それ面白いかもね。でも結局この売り場に来てもらえないと意味ないか。

F：じゃあ、テーマなどが関連のある売り場に少しずつマンガをおいて、アニメフェアを知ってもらったらどうでしょうか。

M：いいね。じゃあ、それでほかの売り場の担当者に声をかけてみてくれる？

F：はい、分かりました。

売り場をどう変えることになりましたか。

1　本の紹介のポップをはずす
2　売り場の装飾を派手にする
3　ほかの売り場にもマンガを並べる
4　マンガ以外の関連書籍も並べて置く

(注1)「芳しくない 신통치 않다」= そだし 좋은 상태는 아니다

(注2)「ポップカード POP카드」= 상품명과 가격, 설명문을 쓴 선전을 위한 카드

(注3)「はなから 처음부터」= 처음부터

(注4)「聖地巡礼 성지순례」= 원래는 종교상 성지 등을 참배하고 다니는 것 (여기서는 애니메이션이나 만화 팬들이 작품 배경이 된 건물이나 지역을 방문하는 것)

2番　정답　2　　　　　　　🎧 N1-1-45

雑誌の会社で編集長と社員二人が話しています。

M1：編集長、新企画の件で相談したいことがあるのですが、今よろしいでしょうか？

M2：ああ、例のやつね。どうしたの？

M1：ちょっと意見が分かれてまして。

F：私はA案がいいんじゃないかと思うんです。これまでうちにはなかったタイプの企画ですし、時流(注1)にも合っています。新しい読者獲得には、これぐらい斬新な切り口が必要だと思うんです。

M1 ： 確かに A 案は面白いと思うんですが、我々
のコンセプトにはやや合わないんじゃないか
と思うんです。新規開拓も必要ですが、これ
までのカラー（注2）も残しつつアップデート
しない（注3）と。そういう意味では B 案がい
いのではないかと。

M2 ： なるほどね。ところで、C 案と D 案はどう
なの？

F ： C 案については、否定的な意見は出ていませ
ん。コスト面やスケジュール面も問題ないか
と思います。ただ、個人的にはインパクトに
欠ける気がしています。

M1 ： 私もそう思います。バランスは取れている
のですが、目新しさがないと思います。

F ： その点、D 案は A 案と同じぐらいインパク
トがあるのですが、かなりの時間が必要にな
りそうなのでコスト的にどうかと思っていま
す。

M2 ： なるほど。今回の企画はこれまでにない一面
を引き出したいという思いがあります。そう
いう意味では、時代をとらえることはもちろ
ん重要なんですが、他社の二番煎じ（注4）に
なってしまっては困るんです。この雑誌のコ
ンセプトをうまく反映させられ、かつ読者の
ニーズに合うものがいいと思うんだけど。も
ちろん、コストも考えてね。

F ： 分かりました。確かにそうですね。じゃ、こ
れでいきます。

新企画はどれですか。

1 A 案
2 B 案
3 C 案

4 D 案

(注1)「時流 시류」= 그 시대의 사회 일반의 사고방식
이나 행동 경향

(注2)「カラー 컬러」= 본래 가지고 있는 독특한 맛이
나 특색

(注3)「アップデートする 업데이트 하다」= 갱신하다,
최신 것으로 하다

(注4)「二番煎じ 재탕」= 전에 있었던 일을 흉내 내는
것

3番 質問1 정답 1 🎧 N1-1-46
　　　　質問2 정답 3 🎧 N1-1-47

電器店の店頭で男の人が話しています。

M1 ： 今から最新の掃除機をご紹介します。こちら
に 4 台ご用意しました。まず 1 番目はスティ
ック状の掃除機です。スティック状なので
持ち運びが非常に便利です。2 番目の掃除機
は布団専用です。ダニやほこりを残さずキャ
ッチでき、干すより清潔です。こちらが干し
た場合と比較したデータです。すごいでしょ
う？　3 番目の商品はお掃除ロボットです。
従来のものに加えて、ここにこの布をつけ
ると、床磨きまでやってくれる機能がついた
んです。これなら掃除が苦手な方も毎日快適
ですね。最後の 4 番目はこちらです。吸う
だけでなく、空気を外に出す機能も付いてい
るので、落ち葉などをふき飛ばして掃除した
い方にお勧めです。

M2 ： 掃除機がほしいって言ってなかったっけ？

F ：そう。今のが調子悪くて。最近はいろんなの
　　があるんだね。

M2：うん、確かに。僕なんて、持っているのにほ
　　しくなってきたよ。このロボットのなんて留
　　守にしている間に掃除をやっておいてくれる
　　んだって。

F ：私、結構掃除機をかけるのが好きなの。や
　　っといてくれるのより自分が使いやすいやつ
　　がいいかな。

M2：マンション住まいじゃ家の外を掃除すること
　　もないしね。

F ：そうそう。布団は外に干したほうが絶対にい
　　いに決まってるよ。

M2：僕はやっぱりこれかな。掃除は面倒で、でき
　　ればしたくないからね。

質問1. 女の人はどの掃除機がいいと思っていま
　　　　すか。

質問2. 男の人はどの掃除機がいいと思っていま
　　　　すか。

2회

問題 1　　　　　　　　　🎧 N1-2-02

例　정답　3　　　　　　　🎧 N1-2-03

会社で女の人と男の人が話しています。女の人はこ
のあとまず何をしますか。

F：片山さん、社内ブログの記事を書いたんですが、
　ちょっと見ていただけませんか。

M：いいよ。ブログが始まってからちょうど1年か。
　このハワイ支社のイモトさんのインタビュー記
　事、面白く書けてるね。

F：ありがとうございます。ただ、このブログ、ま
　だ十分に知られていないみたいで、閲覧数も
　最近あまり伸びていないんです。

M：でもまぁ、まめに更新していたらそのうち増え
　るんじゃない。あれ、イモトさんのモトって、
　元気のゲンじゃなかったっけ。

F：すみません。

M：すぐ直しといてね。それから、写真使用の許可
　を取った？

F：あ、そちらは問題ありません。

女の人はこのあとまず何をしますか。

1番　정답　4　　　　　　🎧 N1-2-04

洋服の会社で女の人と男の人が話しています。女の
人はこのあとまず何をしなければなりませんか。

F：課長、来年の春夏コレクションのデザイン画、

見ていただけましたでしょうか。ターゲット^(注1)を若い女性に絞って、明るい色合いでまとめてみたんですが。

M：こういうのは無難だし、売れるとは思うんだけどね。ほら、ブランドイメージがちょっとずれちゃうかも。もう少し落ち着いた感じに直してもらえるかな。ちょっと丈を長くするとか。

F：分かりました。

M：あ、でも一応、実物も見ておきたいから、それで試作^(注2)品を作っておいてくれる？ 変更はそのあとで。

F：分かりました。

M：それから、顧客アンケートもそろそろ集まってきたから、時間があったら目を通しておいて。今後の参考になると思うよ。

F：はい。

M：それと試作品を作る前に、生地を3つぐらい選択しておいてね。

女の人はこのあとまず何をしなければなりませんか。

(注1)「ターゲット 타깃」＝ 판매 등의 대상
(注2)「試作 시제품」＝ 본격적으로 만들기 전에 시험 삼아 만들어 보는 것

2番　正答　4　🎧 N1-2-05

男の人と女の人が話しています。男の人はこのあとまず何をしますか。

M：荻野さんって、最近引越しされたんですよね。ちょっと聞いてもいいですか。ガスや水道の手続きとか住所変更とかって、引越しぎりぎりでも大丈夫ですよね。

F：かまわないと言えばかまわないけど、少し早めにやっておいたほうがいいと思いますよ。止める日は指定できますし。

M：それはそうですね。じゃ、住所変更も早めのほうがいいんですか。

F：それは引っ越してからですね。免許証とか、保険証とか銀行のカードとかありとあらゆる^(注1)ものを変えなければならないので、結構時間がかかるんですよ。

M：うわ、それは大変そうですね。あ、そうだ。今住んでるところの管理会社にまだ言ってないな。

F：それはまずいですよ。早く言わないと、来月分の家賃も払わないといけなくなりますよ。

M：そうなんですか。

F：それに、転出届^(注2)も。

M：転出届？ あ、市町村が変わりますもんね。

F：今住んでるところの市役所で手続きすることになるので、引越し前にやったほうがいいですよ。確か転出の2週間前から受付してもらえますから。

男の人はこのあとまず何をしますか。

(注1)「あらゆるもの 별의별 것, 온갖 것」＝ 거기에 존재하는 모든 것
(注2)「転出届 전출 신고」＝ 지금 살고 있는 거주지에서 다른 지역으로 이전하는 경우 필요한 증명서

3番　정답　2　　🎧 N1-2-06

電話でオペレーターと女の人が話しています。女の人はこのあと何をしなければなりませんか。

M：毎度ありがとうございます。お客様サポートセンターでございます。

F：あのう、先日注文した商品の注文確認のメールが来たんですが、配送予定日が遅過ぎるので、別のに変更したいんです。

M：さようでございますか。申し訳ございません。

F：いくつか注文したうちの一つだけ別の商品に変えたいんですけど、ネットで変更できますか。

M：お支払方法は。

F：カードです。

M：そうですか。大変申し訳ございませんが、一度すべてをキャンセルしていただき、再度注文をお願いできますでしょうか。

F：えー、面倒なんですね。

M：お手数をおかけして申し訳ございませんが、よろしくお願いいたします。

F：分かりました。

M：あと、到着日の目安につきましては、注文画面の右下に発送までの日数が表示されております。どうぞよろしくお願いいたします。

女の人はこのあと何をしなければなりませんか。

4番　정답　3　　🎧 N1-2-07

食品メーカーで、男の人と女の人が話しています。男の人はこのあとまず何をしなければなりませんか。

M：課長、メールで送らせていただいたんですが、新商品のパッケージ(注)案、チェックしていただけましたか。

F：ああ、あれね。見ましたよ。

M：どうでしたか。今までにない目立つデザインにしてみたんですが。

F：そうねぇ。ちょっと派手すぎて、正直言って消費者が一目でチョコレートだって認識できないと思うの。パッケージの色から中身が想像できないというか……。

M：そうですか……。カカオの原産地の国旗をイメージしたんですが。

F：そういうことね。じゃあ、商品名だけじゃなくて、チョコレートって文字を入れたら？

M：そうですね。

F：文字をどんなふうに入れるか、何パターンか作るといいかもね。作ったら、社内の人に意見を聞いてみて。

M：分かりました。

男の人はこのあとまず何をしなければなりませんか。

> (注)「パッケージ 패키지」= 상품의 포장이나 상자

5番　정답　1　　🎧 N1-2-08

大学で女の学生と先生が話しています。女の学生はこのあとまず何をしなければなりませんか。

F：先生、次回のゼミ発表の件でご相談したいんですが、よろしいでしょうか。

M：どうしたの。

F：実は、来週の発表ができなくなるかもしれないんです。

M：それは困ったね。理由は？

F：それが、教育実習(注)の件で先日母校の高校に相談に行ってきたんですが、すでに何人か卒業生が申し込んでいて、受け入れてもらえそうにないんです。それで、大学に紹介してもらって、別の実習先にあたってみたんですが、来週あいさつに行かなくちゃいけなくなって……。ゼミの日と重なりそうなんです。

M：それじゃ、しょうがないか。誰かに代わってもらえるか、聞いてみた？

F：佐藤さんと山本さんには聞いたんですが、だめでした。

M：ほかの人にも聞いてみて。それから、まだ実習前のあいさつなんだから、高校のほうにも相談してみたらどうかな。なんとかなるかもしれないから。

F：一度相談したんですが、担当の方の出張もあって。実習期間が差し迫っていて、その日しか無理なんです。

M：じゃあ、とにかく、ほかの人に聞いてみて。誰もできなければ、僕が講義をすることにするから。

F：本当に申し訳ございません。では、また報告に参ります。

女の学生はこのあとまず何をしなければなりませんか。

(注)「教育実習 교육 실습」= 교사를 목표로 하는 사람이 실제 교육 현장에 가서 경험 있는 교사의 지도를 받거나 수업을 하는 것

6番　정답　1　🎧 N1-2-09

会社で女の人と男の人が新入社員の研修について話しています。男の人はこのあとまず何をしなければなりませんか。

F：来年度の新入社員研修の案、だいたい見せてもらったけど、内容がかわり映えしないよね。何かないのかな。

M：海外の支社から先輩を数名ずつ呼んで現場の話を聞く、なんてのも入れてたんですが、業務が滞る心配もあるし、何よりコストがかかりすぎるって、部長が。で、結局、従来どおりになっちゃって。

F：そうなんだ。でも、それってオンラインでもできるよね。そんなに時間も取らないし、やれるんじゃないの？ すぐ、各支社に連絡してみて。

M：はい、分かりました。

F：ほかに何かない？

M：うーん、外から講師の先生を招いて、みっちりビジネスマナーとか。ほら、最近の若い子って、僕が言うのもなんですけど、敬語がね。

F：敬語ね。確かにビジネスでは大切だよね。ま、別に外部からじゃなくても、こっちでしっかりやればいいんじゃないの。

M：そうですよね。これはこっちで、と。細かいことはあとで相談ということで。

F：そうね。で、ちょっと息抜きも必要だと思うんだけど。みんなの結束をぐっと強めるっていうか、仲間意識を高めるっていうか、そんなの。

M：そうですね、そういうのは営業の田中が詳しいと思うんで、今度営業部に行って、聞いておきます。

F：よろしく。あ、案が固まったら、人事部にも連

絡入れておいて。忘れないでね。

M：はい、分かりました。

男の人はこのあとまず何をしなければなりませんか。

問題2　🎧 N1-2-10

例　正答　4　🎧 N1-2-11

大学で女の学生と男の学生が話しています。男の学生はどうして遅刻したと言っていますか。

F：あれ？　どうしたの。元気ないじゃない。

M：うん、またクラブの朝練習に遅刻しちゃったんだよね。

F：えっ、また？　寝坊したの？

M：いや、確かに、友達と夜中までゲームやってて寝過ごしそうにはなったんだけど。

F：やっぱり。お酒も飲んだんでしょう。

M：まあ、飲んだけど、ちゃんといつもの時間には起きたんだよ。それで、自転車で大学に行こうと駐輪場に行ったんだけど、自転車に乗ることができなくて。

F：え？　鍵をなくしたとか？

M：いや、それが、昨日バイト先に置いて帰ってきたのをすっかり忘れてたんだよね。

F：ああ、それで。

男の学生はどうして遅刻したと言っていますか。

1番　正答　4　🎧 N1-2-12

男の人と女の人があるビルについて話しています。女の人はこのビルをどうしてほしいと言っていますか。

M：このビルに入ってたスーパーがつぶれちゃってから、この通り、寂しくなったよな。

F：そうだね。誰も管理しないと、こうやって荒れていくばかりだよね。

M：これからどうなっちゃうんだろう？　マンションになるって噂も聞いたけど、本当かな？

F：うーん、どうかな。私は、お年寄りと子供を一緒に世話してくれる福祉施設になればいいなぁと思ってるんだ。そうすれば、この街は高齢者にも子育て世代にも優しい街になると思うの。

M：なるほどね。僕は、また別のスーパーになるというのが、一番いいように思うけど、このあたりには似たようなのがいくつもあるから、難しいかもしれないね。

F：そうだね。

M：スポーツクラブとかどうかな？

F：いいね！　あったら私通っちゃうかも！　ああ、でも、続かないかなあ、飽きっぽいから。やっぱりさっき言ってたのがいいかな。

女の人はこのビルをどうしてほしいと言っていますか。

2番　正答　2　🎧 N1-2-13

絵画教室で女の人と先生が話しています。先生はどうすればもっといい絵になると言っていますか。

F：先生、いかがでしょうか。犬と遊ぶ妹を描いてみたんですが。

M：なかなかよく描けているね。色遣いもいいし、妹さんの楽しそうな感じもよく伝わるね。

F：はい。以前に教えていただいた表情を描く際の注意点を意識して。でも、犬の動きがうまく表現できなくて……。インパクトに欠けるというか。

M：そうだね。もう少し毛の質感とか動きとかに注意して描くことだね。この犬は毛が長いんだし、描きやすいんじゃないかな。影をこうやってつけると、少し感じが変わるだろう？

F：なるほど。全体ばかり考えていました。

M：構図は悪くない。それに、背景をぼかすことで、主役と背景のコントラストが効いてるね。犬と女の子に焦点が当たっていていいんじゃないかな。

F：ありがとうございます。

M：陰影(注1)をうまく使って毛に動きを出すことで、犬自体がいきいきと見えてくると思うよ。女の子の服も同様だからね。

F：はい、そうすればもっと躍動感(注2)のある絵になりますよね。やってみます。

先生はどうすればもっといい絵になると言っていますか。

(注1)「陰影 음영」= 빛이 닿지 않는 어두운 부분
(注2)「躍動感 약동감」= 활기찬 움직임이 있는 느낌

広告会社の社長が新入社員に話しています。社長は仕事で最も大切なことは何だと言っていますか。

F：皆さん、入社おめでとうございます。広告は、人の心を動かし、世の中に希望と活力をもたらす力を有しています。派手で大きな仕事のように思われることも多いですが、今日から皆さんが取り組む仕事は、「小さな仕事」、「地道な(注)仕事」であると感じることが圧倒的に多いと思います。そうした地道な仕事こそが我が社を支えているのであり、どんな大きな仕事も、小さな仕事を積み重ねることでしか成し遂げられない、ということを忘れないでください。それが何より重要なのです。今後、今抱いている期待とのギャップに戸惑うこともあると思いますが、今日の気持ちを忘れずに、目の前の一つ一つの仕事に全力で取り組むことを期待しています。

社長は仕事で最も大切なことは何だと言っていますか。

(注)「地道(な) 착실한, 꾸준한」=「地味でまじめな 착실하고 성실한」

アナウンサーが男の人にインタビューをしています。男の人はどうして困難な道を選ぶのですか。

F：日本代表の田中選手にお話を伺います。子供たちのためのサッカー教室、いかがでしたか。

M：はい、とても楽しかったです。今の子供たちは

体格もいいですし、レベルも高くなっていると思いましたね。

F：それは技術的に優れているということですか。

M：はい、僕たちの頃よりは。これからは技術面だけではなく、精神的にも強くなってくれるといいですね。壁にぶちあたっても ^(注1)負けないで頑張ってほしいです。

F：田中選手はどのようにして壁を乗り越えたんですか。

M：そうですね。苦労することで強くなる、と思うことですかね。僕は決して強くないし、自信もない。だからこそ必死で練習するんです。

F：なるほど。

M：それから、運は手繰り寄せる ^(注2)ものだと思うんです。苦しい思いをして頑張ったやつに運がついてくる。だから、選択を迫られたときに、より困難な道を選ぶ。そこで積み重ねた努力が成長や結果に結びつくんじゃないでしょうか。

男の人はどうして困難な道を選ぶのですか。

> **(注1)**「壁にぶちあたる 벽에 부딪치다」= 어려운 일에 마주치다, 봉착하다
>
> **(注2)**「手繰り寄せる 끌어당기다」= 스스로 손으로 잡아당기다

5番　정답　3　🎧 N1-2-16

ラジオでアナウンサーがピアノの曲について話しています。この曲の何が特徴的だと言っていますか。

F：次にご紹介する曲は、幻想的でロマンティックなメロディーで、若者から熟年層までの幅

広い世代のファンに愛されている、この作曲家の代表曲ともいうべき作品です。彼の出身地の郷土音楽を思わせるような左手が奏でる低音が、ほかの作曲家とは違った独特の ^(注)リズムを生み出していると言えるでしょう。余談ですが、この曲は彼が15歳の若さで書き上げたものです。これが爆発的なヒットとなり、その後のクラシック音楽のブームへとつながるきっかけになりました。

この曲の何が特徴的だと言っていますか。

> **(注)**「他の作曲家とは違った独特の 다른 작곡가와는 다른 독특한」이라고 나와 있는 부분의 앞뒤 문장에 주목한다.

6番　정답　2　🎧 N1-2-17

洗剤メーカーの会社で男の人と女の人が話しています。男の人はどの案に決めましたか。

M：倉橋さん、新しくなった製品の良さをクライアント ^(注1)にもっと具体的に伝える方法を考えるって言ってたよね。それ、どうなった？ 次の商談もうすぐなんだけど。

F：改善前と改善後の数値を詳しくお見せするというのはいかがでしょうか。

M：確かに変化は分かりやすいだろうけど、数値が並んでいるものを見せられてもピンと来ない ^(注2)よ。

F：実際に使用した際の写真も付ければ、問題ないんじゃないでしょうか。

M：でも、以前に他社の商品と似たり寄ったりだ

と言われたことがあるんだ。

F：では、繊維が傷みにくいというのを前面に打ち出しては？　製品を使ったあとの生地に直接触れていただくと、分かっていただけると思うんですが。

M：期日までに間に合うか心配だけど、じゃ、その方向で。

F：はい、今からすぐ準備すれば何とかなると思います。

M：あと、進行の詳細は随時知らせるようにね。

男の人はどの案に決めましたか。

7番 정답 3　　　　　🎧 N1-2-18

テレビで医者が風邪の予防について話しています。毎日の生活の中でできることで何が最も有効だと言っていますか。

F：日々気温が下がり、風邪をひきやすくなる季節になりましたね。風邪の予防のためにできることはいろいろありますが、まず、ウイルスに感染しやすくなる乾燥を避けましょう。今はマスクをする人も多いですね。保湿の意味では有効ですが、ウイルスは隙間から入ってきますので、その点で必ずしも有効とは言えません。また、うがいもいいですが、20分でウイルスは体内に入りますから、20分毎にしなければ実はあまり意味がないんです。風邪は手からの感染が

多いと考えられていますので、手洗いは非常に効果的です。15秒から20秒かけて丁寧に洗ってください。もちろん暖かくしておくことも大切ですが、厚着は体温調節の能力を低下させ、抵抗力を弱めます。こまめに脱ぎ着して調節しましょう。

毎日の生活の中でできることで何が最も有効だと言っていますか。

問題 3　　　　　　　🎧 N1-2-19

例　정답　2　　　　　🎧 N1-2-20

女の人が男の人にコンサートの感想を聞いています。

F：この間話していたオペラ歌手のコンサート、行ったんでしょ？　どうだった？

M：うん、すごく豪華でよかったよ。歌はもちろん、衣装も舞台もとにかく素晴らしかったよ。でも、周りの観客がなあ。一部の人が騒ぎすぎてうるさくて。もっと静かに聴けたらよかったんだけど。コンサートで盛り上がるのはいいんだけど、ちょっとあれはって思うんだよね。

男の人はコンサートについてどう思っていますか。

1 歌もよく、観客も静かだった
2 歌はよかったが、観客が騒がしかった
3 歌はよくないし、観客も騒がしかった
4 歌はよくなかったが、観客は静かだった

1番　正答　1　🎧 N1-2-21

F：就職活動がいよいよスタートしますね。今日は就職活動でどんなことをするかお話しします。何よりも自己分析を徹底的にすること。自分の強みと弱みを把握した上で、企業研究を行ってください。企業研究とは、企業について知ることです。ネットでも調べられますが、それだけでは分からないこともあります。百聞は一見にしかずです。気になる会社があれば、どんどん説明会に行ってみてください。

女の人は何について話していますか。

1　就職活動の方法
2　自己分析の内容
3　企業研究の重要性
4　インターネットでの就職活動

2番　正答　2　🎧 N1-2-22

テレビでアナウンサーと男の人が話しています。

F：小川さんはもともと東京のご出身ですが、山梨に来ようと思ったきっかけは何ですか。

M：たまたま、山梨でワーケーション(注)を、という記事を見て、いいなあって思ったんですよね。

F：でも、移住となると、相当な覚悟がいると思うんですが。

M：それほど深く考えませんでした。結婚していないので、動きやすかったというのもありますね。

F：移住後の生活はいかがですか。

M：もちろん、不便なことがないわけではないですが、仕事はネットがあるからそれほど困りませんし、シェアハウスなので一人で寂しいということもありません。個人の時間や空間も尊重されていますし、美しい自然の中で働けることが何よりですね。今はどこででも仕事ができるようになったんだなって実感しています。

男の人は移住についてどう思っていますか。

1　生活環境が変わるので覚悟が必要
2　環境がいいので満足している
3　人間関係を作るのが大変
4　プライベートが守られない

(注)「ワーケーション 워케이션」=「ワーク 일, work」와「バケーション 휴가, vacation」의 합성어로, 여행지 등에서「リモートワーク 재택근무, remote work」를 하는 것

3番　正答　3　🎧 N1-2-23

ラジオで女のアナウンサーが話しています。

F：犬をヘアカットに連れて行くのは大変、そんな方に朗報(注)です。犬の美容室が出張サービスを始めました。来てもらっても、カットやシャンプーをする場所がないとお思いの方もいるかもしれませんが、ワゴン車の中で行いますから、駐車スペースだけあればいいとのことです。出張は市内でしたら、どこへでも可能。これなら移動の負担もありませんね。出張費はか

かりますが、ご近所の犬と一緒だと２割引きという特典もあるそうなので、ご利用になってはいかがでしょうか。

アナウンサーは何について話していますか。

1　美容室に行くときの交通手段
2　ペットのシャンプーの方法
3　犬の美容室の新たな取り組み
4　ワゴン車が停められない人への代案

4番　정답　3　🎧 N1-2-24

コンサルティング会社の社長が話しています。

M：我が社では社内を活発にする「コミュニケーション研修」、部下の潜在能力を発揮させる「リーダーシップ研修」、チームを整える「チームビルディング研修」など、多様なプログラムをご用意しております。最大の特徴は、問題解決法を紹介するのではなく、気づきを引き出す要素を取り入れていることです。時代が急速に変化している今、問題も刻々と変化します。自分で解決策を講じる(注)ことができなければ、問題に対処できません。この力こそが実際の業務をよりよくするために肝要なことなのです。

社長は何について話していますか。

1　社内の人間関係を改善する研修
2　研修で部下の力を引き出す方法
3　社内の業務改善に必要な要素
4　自社の研修内容の改善点

5番　정답　4　🎧 N1-2-25

テレビで専門家が話しています。

F：現在、国内ゲーム市場の規模はおよそ1.3兆円となっており、最近ではゲームで遊ぶことに対して寛容になった印象があります。しかし、ゲームには依存性があり、子供の成長に悪影響を及ぼしかねません。調査によると、１日に２時間〜７時間、ゲームに没頭したという子供の脳を調べたところ、β波よりα波のほうが常に活発に働いていることが分かりました。これは認知症の患者と同じような脳波の波形であるということです。

専門家は何について話していますか。

1　ゲーム市場の拡大
2　ゲームの依存性
3　ゲームによる認知症の増加
4　ゲームが子供に与える影響

6番　정답　2　🎧 N1-2-26

会社で男の人が話しています。

M：毎朝行われている朝礼 ^(注) についてですが、何のために行っているのか、また業務の目的を達成するのに朝礼をする必要があるか、皆さん、考えてみたことはおありでしょうか。ずっとやっているからとか慣習だからなど、その理由は明確ではなく、ほとんどはその日の予定や各メンバーの作業予定の確認をしているにすぎません。内容いかんでは、それこそメールで一言で済む話です。また、メンバーの作業予定をその場で聞いて、正しいか誤っているか、今日1日で十分かを果たして判断できるのでしょうか。1分1秒でも時間が惜しい朝に、それらが必要か否かを再考すべきだと思うのです。

男の人は何について話していますか。

1　朝礼の方法
2　朝礼の廃止
3　朝礼時間の変更
4　朝礼のメンバー

> **(注)**「朝礼 조례」= 학교나 회사 등에서 다 함께 모여서 인사나 연락을 하는 것

1番　정답　3　🎧 N1-2-29

M：これおすそ分け ^(注) です。よかったら、ご家族の皆さんでどうぞ。

F：1　はい、ここ裾上げしますね。
　　2　じゃあ、手分けしてやりましょう。
　　3　まあ、こんなに。いいんですか。

> **(注)**「おすそ分け 나눔」= 다른 사람에게 받은 것의 일부를 지인에게 나누어 주는 것

2番　정답　2　🎧 N1-2-30

F：相談してくれたら、何か力になれたかもしれないのに ^(注)。

M：1　力になれず、申し訳ありません。
　　2　すみません。自分の力でなんとかしたくて。
　　3　相談に乗ってもらって、感謝しています。

> **(注)** 왜 상담을 바란다고 하지 않았을까 하는 마음

3番　정답　1　🎧 N1-2-31

M：TKSの北野と申します。いつもお世話になっております。恐れ入りますが、米田様をお願いいたします。

F：1　あいにく、米田は席を外しておりまして。
　　2　承知いたしました。そのように申し伝えます。
　　3　申し訳ありませんが、米田様 ^(注) はお休みをいただいておりまして。

問題4　🎧 N1-2-27

例　정답　2　🎧 N1-2-28

M：隣のビルの工事がこんなにうるさくちゃ、仕事にならないよ。

F：1　仕事がないのかなあ。
　　2　来週末までらしいよ。
　　3　もうすぐうるさくなるね。

4番　정답　1　　　🎧 N1-2-32

F：今_{いま}どこにいるの？　10時_じに駅前_{えきまえ}に集合_{しゅうごう}することになってたと思_{おも}うんだけど……。

M：1　え？　僕_{ぼく}もう着_ついてるけど。

　　2　ほんと、いつも遅_{おく}れてくるよね。

　　3　うん、じゃあ10時_じにしよう。

5番　정답　3　　　🎧 N1-2-33

M：例_{れい}の仕事_{しごと}、ほんとにまいったよ。こんなことなら、断_{ことわ}るんだった ^{（注）}。

F：1　じゃあ、とにかく、彼_{かれ}に聞_きいてみようか。

　　2　ふうん、あの仕事_{しごと}、断_{ことわ}ったんだ。

　　3　そう言_いわないで。やってよかったよ。

（注） 거절하지 않은 것을 후회하고 있다.

6番　정답　1　　　🎧 N1-2-34

F：6時頃_{じごろ}に打_うち合_あわせが終_おわるので、直帰_{ちょっき}してもよろしいでしょうか。

M：1　終_おわったら念_{ねん}のため、一本電話_{いっぽんでんわ}ちょうだい。

　　2　しょうがないなあ。ビール一杯_{いっぱい}だけだよ。

　　3　ええ、1時間後_{じかんご}に会_あいましょう。

7番　정답　1　　　🎧 N1-2-35

M：20分_{ぷん}も過_すぎてるのに斉藤_{さいとう}さん来_こないね。約束_{やくそく}、忘_{わす}れてたりして。

F：1　まさか、そんなことないよ。^{（注）}

　　2　忘_{わす}れたり忘_{わす}れなかったりってこと？

　　3　え、約束_{やくそく}してくれないなんてひどい。

（注） 잊었을 리가 없다는 의미

8番　정답　2　　　🎧 N1-2-36

F：差_さし支_{つか}えなければ、最近_{さいきん}のご研究_{けんきゅう}について、詳細_{しょうさい}に教_{おし}えていただけますか。

M：1　教_{おし}えてほしいですね。

　　2　構_{かま}わないですよ。

　　3　使_{つか}い方_{かた}はこれを見_みれば分_わかりますよ。

9番　정답　2　　　🎧 N1-2-37

M：事故_{じこ}で電車_{でんしゃ}が遅_{おく}れて、もう少_{すこ}しで飛行機_{ひこうき}に乗_のり遅_{おく}れるところだったよ。

F：1　大変_{たいへん}でしたね。じゃあ何_{なに}で来_きたんですか。

　　2　ほんと、間_まに合_あってよかったですね。

　　3　遅_{おく}れたのは電車_{でんしゃ}のせいなんですね。

10番　정답　1　　　🎧 N1-2-38

F：手_てが離_{はな}せないんだったら、私_{わたし}がみんなの分_{ぶん}の資料_{りょう}ももらっといてあげようか。

M：1　あ、ごめん。お願_{ねが}いしてもいい？

2　そうだね、そうしたげようか。

3　ありがとう。でも、あげてもいいよ。

1
회

2
회

3
회

4
회

5
회

(注) 이번 주 매출이 좋지 않다는 의미

11番　정답　3　　🎧 N1-2-39

M：君のおかげで、取引先との商談が全部パー (注)
だよ。

F：1　いえ。そう言っていただけるとうれしいで
す。

2　いいえ、こちらこそ。部長のおかげです。

3　申し訳ございません。努力はしたんですが。

(注) 상담이(비즈니스 협의가) 모두 헛수고가 됐다(없
어져 버렸다는 의미)

12番　정답　2　　🎧 N1-2-40

F：今度の新商品の企画書見たけど、彼女のセン
スは抜群ね。

M：1　そんなにひどいんですか。残念ですね。

2　ええ、彼女の右に出るものはいないですよ。

3　いつも服装に気を遣ってるみたいですよ。

13番　정답　1　　🎧 N1-2-41

M：今週の売り上げ、さっぱりだなあ。(注) これじゃ
採算が合わないよ。

F：1　何か対策を考えないとね。

2　ほんとによく売れたね。

3　さっぱりというよりあっさりだよ。

14番　정답　3　　🎧 N1-2-42

F：今日は雲一つない青空だし、勝負にもって
こい (注) の天気になったんじゃない？

M：1　すごいね。あの雲、珍しい形だ。

2　えー、そんなにたくさん持ってこられない
よ。

3　よし、今日こそ、練習の成果を見せよう！

(注)「勝負(をするの)にもってこい 승부(를 하는 것)
에 딱 좋다」= 승부를 겨루기에 적합하다

問題5　　🎧 N1-2-43

1番　정답　1　　🎧 N1-2-44

インターネットでイベント会社の求人情報を見な
がら、男の学生と女の学生が話しています。

M：ねえ、イベントの会社でアルバイトをしたいっ
て言ってなかったっけ。イベント関連の求人
情報、いろいろ出てるよ。うちから近くてい
いんじゃない？

F：へえ。どんなの？

M：いろんな業種があって、時間も時給もいろい
ろだけど。

F：水曜と日曜しかアルバイトができないんだけ
ど、週2日までで時給が1,000円以上の仕事
なんてある？

M：あっ、ほら、コンサートスタッフはどう？

これは時給 1,200 円で、週 2 日か 3 日勤務だって。土曜か日曜に入れる人、歓迎って書いてあるよ。コンサートの受付みたい。えーっと、それから、夜間の業務は時給 1,300 円だって。夜 12 時まで勤務できる方って書いてある。コンサート終了後の仕事もあるんだね。

F ：ふうん。イベント開催時のお客様の誘導の仕方とか勉強になるかな。

M ：あ、紅葉の時期限定のお寺の仕事も募集してるよ。時給 950 円で、週 2 日以上だって。パンフレットを配布したり簡単なガイドをしたりする仕事だね。

F ：へえ、お寺の歴史も勉強できて、面白そう。

M ：あとは、お祭りなんかの運営スタッフの募集もあるよ。準備段階から関わるみたい。時給は 1,100 円。これ、やりたいことに近いんじゃない？週 3 日以上って書いてあるけど。

F ：うーん、時給は大切だし、夜遅くまで働くのもなんだしなあ。勤務日にも無理がなさそうなこれに応募してみる。

女の学生はどの仕事に応募しますか。

1　コンサートの受付
2　コンサートの夜間業務
3　お寺の案内
4　お祭りの運営

2番　정답　3　　🎧 N1-2-45

大学で理事長と担当者二人が講演会について話しています。

M1 ：理事長、大変です。来月の第 50 回定例講演会の件なんですが、講演を依頼していたパウロ先生、来月早々に帰国されることになりまして。

M2 ：我々としても講演会 50 回目の目玉として考えていたんですが、次に日本へいらっしゃるのは来年以降になるそうで。

F ：それは困ったわね。何とか帰国を遅らせていただけないかしら。

M1 ：なんでもご家庭の事情だそうで、もう帰国の便も取ってあるとのことです。何度も説得を試みたんですが、「申し訳ない」の一点張りで。

F ：そう。それじゃ、パウロ先生に同じ分野の専門家の方を紹介していただくとか。

M2 ：しかし、理事長、パウロ先生は世界的にもこの分野の第一人者ですし、やっぱりほかの方では。この講演を心待ちにしておられる方も多くいらっしゃいますし。そこでなんですが、インターネットを使ってその時間に講演していただくというのはどうでしょうか。

F ：こっちが昼なら向こうは夜中でしょう。ご迷惑じゃなければいいけど。

M1 ：なんとかなりませんかね。あるいは、いっそのこと講演会のテーマを変えて、違う専門分野でパウロ先生クラスの大物をお呼びするとか。

F ：それも手だけどね。どなたかあてがある(注)の？

M1 ：そう言われましても、すぐには。

M2 ：それなら、時間はあまりありませんが、この際、講演会を思い切って今月末にしてみるのはいかがでしょう。会場はうちの大学の記念会館ですし、場所はすぐに押さえられま

すよ。

F ：そんなの話にならないわ。とにかく、一度相談してみることにしましょう。

講演はどうすることになりましたか。

1 パウロ先生にほかの専門家を紹介してもらう
2 違う専門の有名な先生に講演を依頼する
3 パウロ先生にインターネット講演を打診する
4 講演会の開催日時を変更する

> **(注)**「あてがある 가망 있다」= 전망이나 알 만한 데가
> 있다 (여기서는 공연을 해 줄 만한 사람을 안다
> 는 의미)

3番 **質問1** 정답 4 🎧 N1-2-46
　　　 質問2 정답 1 🎧 N1-2-47

テレビで女の人が話しています。

F1 ：本日は、今春から始まるドラマを4本ご紹介します。まずは人気漫画が原作の『私の恋人』です。恋愛に臆病な男性と、年上の女性との恋愛ストーリーです。恋愛ドラマと言っても、コメディタッチで描かれているので、家族皆さんでご覧いただけます。次は『ペットと過ごして』です。一人暮らしのおばあちゃんが拾った犬を飼い始め、その犬を通して町の人と交流をしていくというストーリーです。世代を超えた交流がドラマのテーマになっています。3つ目は『あの日』です。戦争で夫を亡くした女性がたくましく生きるストーリーで、涙なしには見られませ

んよ。最後は『探偵　山田修』です。謎の探偵が次々と事件を解決していくサスペンスです。ストーリーだけでなく、おしゃれ好きの主人公の最新ファッションもチェックしてくださいね。

M ：僕は悲しい話は好きじゃないから、それは絶対見ないかな。

F2 ：でも絶対感動すると思うよ。前にこの脚本家のドラマを見たことがあるけど、人物描写が細かくて、すごくよかったよ。

M ：ああ、あれね。でも、どちらかと言えば楽しいのが見たいなあ。

F2 ：実は私もそう。仕事で疲れて帰ってきて、重いのを見せられるのはちょっとね。

M ：恋愛ものは興味ないし……。ファッションのお手本になるなら、これを見ようかな。

F2 ：私、2つ見たいのがあるんだけど、ペットのは火曜だから習い事の日だし、見られないなあ。でも、原作が面白かったから、あのドラマは絶対に見ようっと。

質問1．男の人はどのドラマを見ますか。

質問2．女の人はどのドラマを見ますか。

3회

問題1　　　　　　　　🎧 N1-3-02

例　正答　3　　　　　🎧 N1-3-03

_{かいしゃ}会社で_{おんな}女の_{ひと}人と_{おとこ}男の_{ひと}人が_{はな}話しています。_{おんな}女の_{ひと}人はこのあとまず_{なに}何をしますか。

F：_{かたやま}片山さん、_{しゃない}社内ブログの_{きじ}記事を_か書いたんですが、ちょっと_み見ていただけませんか。

M：いいよ。ブログが_{はじ}始まってからちょうど1_{ねん}年か。このハワイ_{ししゃ}支社のイモトさんのインタビュー_き記_じ事、_{おもしろ}面白く_か書けてるね。

F：ありがとうございます。ただ、このブログ、まだ_{じゅうぶん}十分に_し知られていないみたいで、_{えつらんすう}閲覧数も_{さいきん}最近あまり_の伸びていないんです。

M：でもまぁ、まめに_{こうしん}更新していたらそのうち_ふ増えるんじゃない。あれ、イモトさんのモトって、_{げんき}元気のゲンじゃなかったっけ。

F：すみません。

M：すぐ_{なお}直しといてね。それから、_{しゃしんしよう}写真使用の_{きょか}許可を_と取った？

F：あ、そちらは_{もんだい}問題ありません。

_{おんな}女の_{ひと}人はこのあとまず_{なに}何をしますか。

1番　正答　3　　　　🎧 N1-3-04

_{かいしゃ}会社で_{おんな}女の_{ひと}人と_{おとこ}男の_{ひと}人が_{はな}話しています。_{おんな}女の_{ひと}人はこのあとまず_{なに}何をしますか。

F：_{ぶちょう}部長、インナーシャツ^(注1)の_{しさくひん}試作品ができた

んですが、ご_{いけん}意見をいただけますか。

M：ああ、ちょっと_か貸して。うーん、_{はだざわ}肌触りは_{だんぜん}断然こっちのほうがいいね。_{ねば}粘り_{づよ}強く_{こうしょう}交渉した_{かい}甲斐があったね。

F：ええ、_{こうじょう}工場のほうには_{すこ}少し_{むり}無理を_い言いましたが、なんとか_{きたいどお}期待通りのものになりました。

M：_{しんしゅくせい}伸縮性^(注2)はどうなの？　_き着たときにちょっと_{きゅうくつ}窮屈な_{かん}感じはないかな。_{いま}今はかなり_{ちい}小さく_み見えるけど。

F：ええ、_み見た_め目は_{ちい}小さめですが、モニター^(注3)に_{きごこ}着心地についてもアンケートしたところ、そういった_{かんそう}感想はありませんでした。

M：それならいいんだけど。そこがセールスポイントの_{ひと}一つだからね。

F：はい。ただ、_{きょうど}強度については、もう_{すこ}少しデータを_と取ったほうがいいかもしれません。

M：そうだね。_{しんしゅくせい}伸縮性の_{きょうど}強度については_{しけんしつ}試験室に_{しじ}指示を_だ出しておいて。あとは_{いろ}色だけど、これはアサカ_{せんい}繊維さん^(注4)に_{れんらく}連絡してアポ_と取って。_{しんしょく}新色の_{そうだん}相談がしたいって。

F：あ、あさって_あ会う_{よてい}予定になっています。

M：そう。じゃ、そのときに_{はな}話そうか。

F：はい、_わ分かりました。

_{おんな}女の_{ひと}人はこのあとまず_{なに}何をしますか。

(注1)「インナーシャツ　이너 셔츠」= 스웨터나 셔츠 아래에 입는 것, 속옷
(注2)「_{しんしゅくせい}伸縮性 신축성」= 늘어났다 펴졌다 하는 성질
(注3)「モニター 모니터 요원」= 상품 개발을 위해 시 제품을 테스트하는 사람들
(注4)「_{かいしゃめい}会社名＋さん 회사명 + 씨」= ~측

2番　正答　2　🎧 N1-3-05

女の人が店員と電話で話しています。店員はこのあとまず何をしますか。

F：もしもし、すみません。そちらに商品が2、3種類ぐらい入った詰め合わせってありますか。

M：そういったものはございませんが、お好きなものを選んでいただきまして、それを組み合せるというのでしたら……。

F：じゃあ、えっと、赤いのと白いのを一つずつ入れて、それを50セットいただけますか。

M：かしこまりました。50セットですね。

F：ええ。それと熨斗(注)つけてもらえます？　で、急で申し訳ないんですが、今週の土曜必着で送っていただけると助かるんですけど。

M：土曜日までに、でございますか。まとまった数ですので、赤いほうがちょっと……。至急在庫の確認をして折り返しお電話いたします。それと、お客様、包装紙が2種類ございまして……。

F：包装紙ですか。どんなのがあるんですか。

M：白地にロゴが入ったものと、紺の無地がございます。

F：うーん、ちょっとイメージがわかないんで、申し訳ないんですが、あとでメールか何かで写真送ってもらえます？

M：承知いたしました。

F：すみません、お手数をおかけします。あ、連絡先は……。

店員はこのあとまず何をしますか。

(注)「熨斗 기념 띠지」= 선물에 붙이는 띠지로, 용도나 보낸 사람의 이름을 적는다.

3番　正答　2　🎧 N1-3-06

会社で女の人と男の人が話しています。男の人はこのあとまず何をしなければなりませんか。

F：来月の中井商事でのプレゼンテーションだけど、進捗(注)状況はどうなの？

M：スライドは一通りできました。後ほど、ご確認いただいてよろしいでしょうか。

F：今日は予定が立て込んでるから、ちょっと無理かな。明日の午後ならいいよ。

M：分かりました。よろしくお願いします。プレゼンのときに新製品のサンプルを持って行く予定なんですが、実は、その出来上がりがちょっと遅れているようで。

F：えっ、それはまずいな。もう一度、商品開発部の太田君に確認して。で、分かり次第、私に報告して。

M：分かりました。このあと、すぐに連絡いたします。それから、当日配布する資料がこちらなんですが、お目通しいただけますか。

F：あれっ、会社のロゴが前のものになってるよ。

M：あっ、すみません。前のデータをそのまま使用していました。

F：資料の細かいところは明日までに見るね。新しいロゴは広報部が持ってるデータを使って。わが社のイメージをアピールする大事な場だから、肝心なところだよ。明日の朝まででいいから。

M：分かりました。

男の人はこのあとまず何をしなければなりません
か。

(注)「進捗 진척」= 일의 진행 상태

4番　정답　1　　　🎧 N1-3-07

ペットショップで女の人と店員が話しています。
女の人はうちに帰ってすぐ何をしますか。

F：すみません、小鳥を飼っているんですが、ちょ
　　っとお伺いしたいことがありまして……。

M：はい。

F：実は、ずっと元気だったんですが、昨日からあ
　　まり食欲がないみたいで、少ししか食べなく
　　て心配しているんです。この鳥なんですけど、
　　ちょっと動画を見ていただけますか。

M：ああ、ちょっと体を膨らませていますね。

F：そうなんです。丸くなって、ずっと目を閉じて
　　いるんです。

M：この季節、昼夜の気温差が大きいですよね。
　　体がその気温差についていっていないかもし
　　れません。ヒーターはつけていますか。

F：え？　ヒーターですか？

M：ええ、暖かい地方原産の鳥ですから、これから
　　の季節、このようなヒーターが必要ですよ。

F：そうですか。じゃあ、これを買って帰ります。

M：カゴの中に設置してやると、元気になると思い
　　ますよ。それでもよくならなかったら、別の
　　病気かもしれませんので、獣医さんに診せた
　　ほうがいいですね。それから、何も口にしない

ようなら、蜂蜜を水で薄めて与えてください。

F：分かりました。

女の人はうちに帰ってすぐ何をしますか。

5番　정답　4　　　🎧 N1-3-08

大学で助手と先生が話しています。助手はこのあと
何をしなければなりませんか。

M：先生、来週のオープンキャンパス(注)の模擬
　　授業の件で確認をしたいんですが、今よろし
　　いですか。

F：ええ。

M：在学生に聞ける相談コーナーを手伝ってくれる
　　学生3人には何時に集合だと言えばいいです
　　か。

F：そうね。模擬授業のあとに相談コーナーを設
　　けるから、授業が終わるまでに来てくれれば
　　いいよ。あ、でも、内容について聞かれるかも
　　しれないから、一緒に模擬授業を聞いてもら
　　ったほうがいいかなあ。

M：じゃあ、模擬授業は2時からですから、その
　　少し前に来るように伝えますね。

F：ところで、資料はコピーしてくれた？

M：3日後におよその人数が分かるので、それから
　　やろうと思っています。

F：そう。それともう一つ。プロジェクターやスク
　　リーンは教室にあったっけ？

M：ええ、パソコンにつないで確認済です。大教
　　室なので、マイクも確認しました。

F：ありがとう。もう十分だね。

助手はこのあと何をしなければなりませんか。

> (注)「オープンキャンパス 오픈 캠퍼스」 = 대학 등
> 의 학교 시설이 입학을 생각하고 있는 학생에게
> 시설을 공개하는 이벤트

6番　정답　2　　🎧 N1-3-09

大学で男の学生と女の学生が話しています。女の学
生はこのあと何をしますか。

M：来月のサークルの合宿のことなんだけど、メ
　　ンバーは集まった？

F：うん、今年は参加したいって言う人が多くて
　　40人ちょい(注)かな。合宿のスケジュールも
　　だいたい決まったよ。

M：え？　40人っていつもの倍じゃない。宿泊先
　　は大丈夫だよね。確認した？

F：先週、今年は40人って一応伝えといたけど。
　　あと数人なら多分いけるんじゃない？

M：でも、きちんと人数を伝えておくに越したこと
　　はないよ。すぐに正確な人数を把握しておいた
　　ほうがいいんじゃない？　それと、スケジュー
　　ル、ちょっと見せて。あれ？　今年は北山大学
　　と合同練習はないの？

F：向こうのサークル、まだ合宿の日程が決まって
　　ないんだって。日程が合えば、現地で話しあっ
　　て入れたらいいんじゃない？

M：そっか、そうだね。北山大学が無理だとしても、
　　その時期は違う大学も結構来てるしね。

F：でも、北山大学にもう一度確認してみる。

M：お願い。あ、あと、バスの手配とか早めにしと
　　かないと大変なことになるよ。

F：そうだよね。まあ、電車とタクシーって手もあ
　　るし、そんなに焦らなくてもいいんじゃない。

女の学生はこのあと何をしますか。

> (注)「ちょい 조금」＝「ちょっと 잠깐」,「少し 조금」의
> 구어체 표현

問題2　　🎧 N1-3-10

例　정답　4　　🎧 N1-3-11

大学で女の学生と男の学生が話しています。男の学
生はどうして遅刻したと言っていますか。

F：あれ？　どうしたの。元気ないじゃない。

M：うん、またクラブの朝練習に遅刻しちゃった
　　んだよね。

F：えっ、また？　寝坊したの？

M：いや、確かに、友達と夜中までゲームやってて
　　寝過ごしそうにはなったんだけど。

F：やっぱり。お酒も飲んだんでしょう。

M：まあ、飲んだけど、ちゃんといつもの時間には
　　起きたんだよ。それで、自転車で大学に行こう
　　と駐輪場に行ったんだけど、自転車に乗るこ
　　とができなくて。

F：え？　鍵をなくしたとか？

M：いや、それが、昨日バイト先に置いて帰ってき
　　たのをすっかり忘れてたんだよね。

F：ああ、それで。

男の学生はどうして遅刻したと言っていますか。

ラジオで交通情報を聞いています。中央道は今日の午後どうなると言っていますか。

F ：おはようございます。今日の交通情報です。東西道の車の流れはスムーズですが、一部区間で、霧が出ていますので走行には十分注意してください。中央道は事故のため、一部通行止めとなっており、事故現場から10km前後は現在渋滞しています。あと2時間程度は続くと思われますが、昼過ぎには解消されるでしょう。南北道は工事のため、0時から午前9時まで川森から牧野まで片道通行となっております。渋滞も予想されますので、お急ぎの方はお早めの出発をお勧めいたします。以上、交通情報でした。

中央道は今日の午後どうなると言っていますか。

店で女の人と男の人がお菓子について話しています。二人はこの商品が売れている理由は何だと思っていますか。

F ：これ食べた？　今年の新商品なんだけど。私、もう何回も買ってるよ。

M：俺も俺も。パッケージもおしゃれなんだよな。

F ：そう言われてみれば、箱がシンプルでかわいいよね。まあ、よくあるって言えばよくあるタイプだけど。でもこれよく売れてるよね。どうしてかな？

M：そうだね。冬になるとなんだか甘いものが食べたくなるっていうし……。ほら、なんかそういうの、よくあるんじゃないの。

F ：寒いから食べたくなるって言ったら、ほかのお菓子も同じでしょ。CMに人気アイドルのミッチーが出ているからとか。

M：確かにマスコミの力ってすごいけど、それで売れるかっていうと……。やっぱり味かな。甘さの中にしょっぱさがあるのがいいんだよね。

F ：そりゃそうだよね。売れているものっていうのは、それなりに理由があるんだね。

二人はこの商品が売れている理由は何だと思っていますか。

会社で男の人が同僚と話しています。男の人はどうして会社を辞めますか。

M：山田さん、ちょっといい？　実は会社を辞めることにしたんだ。

F ：え？　辞めるって、転職先決まってるの？

M：ううん、そうじゃないんだ。

F ：もしかして、結婚？

M：そんなはずないじゃん。実は、軽い気持ちで始めたウェブデザインに凝ってしまって、これで食べていけたらいいなあって思い始めたんだ。

F ：すごいね。個人でやるの？

M：ううん、そんな簡単に仕事をできるレベルまでにはなれないし、ここで働きながら独学でって思ってたんだけど、やっぱりしっかり学ぼうと思って専門学校に入ることにしたんだよ。

F ：すごい決断だね。私もやりたいこと、見つけた
　　いなあ。

男の人はどうして会社を辞めますか。

4番　정답　4　　　　　　🎧 N1-3-15

ビジネスの講演会で講師が話しています。講師は
情報を収集するために何が一番大事だと言ってい
ますか。

F ：ビジネスのアイデアを見つけるために重要な
　　のは、情報収集力です。情報収集の方法と
　　しては、雑誌や新聞を読むことやテレビやイン
　　ターネットのニュースに目を通すのもさること
　　ながら、最近ではSNSでの交流などもありま
　　す。しかし、やはり実際に人に会うことが最
　　も良い方法だと考えます。直接人と話すと、
　　思わぬ人から予想外のことを聞くことがありま
　　す。そして、それがビジネスの種になるのです。
　　ですから、私は寸暇を惜しんで(注)人に会うよ
　　うにしているのです。

講師は情報を収集するために何が一番大事だと言
っていますか。

（注）「寸暇を惜しんで 촌음을 아껴서」＝ 잠깐의 시간
　　　도 낭비하지 않고

5番　정답　2　　　　　　🎧 N1-3-16

テレビで女の人が野球選手にインタビューをして

いJ ます。この野球選手は野球の一番の魅力はどん
なことだと言っていますか。

F ：野球を小学校の頃からされているそうですが、
　　野球の面白さ、素晴らしさとはどんなところ
　　だと思われますか。

M ：練習をして、負けて、また練習して。でも努
　　力は報われると言いましょうか、練習をした
　　らちゃんと上手になってくることですね。そ
　　れに何と言ってもチームメートと助け合いなが
　　ら喜びや悔しさをわかち合えることじゃないで
　　しょうか。

F ：そうですか。もうプロで活躍されて10年と、
　　すっかりベテランの風格がおありですが、後輩
　　にはどんな指導をなさっていますか。

M ：そうですね。私はミスをしてもあまり注意し
　　ません。ミスをした本人が一番よく分かってい
　　ることですから。まあ、こうしたほうがよかっ
　　たんじゃないかとアドバイスすることもありま
　　すが。でも、いいプレーをしたときに、褒める
　　ようにしています。

F ：そうなんですね。

M ：私自身、苦手なこともありますから、先輩後
　　輩であるとはいえ、補ってもらわないといけ
　　ないこともありますからね。

F ：なるほど。野球に限らず、プロスポーツ選手
　　は技術と精神力が必要だと言われていますが、
　　どちらが重要だとお考えですか。

M ：私は断然精神力だと思います。個々に努力を
　　し、どの選手も技術力は年々上がっています。
　　メンタルを鍛えないと、ここぞというときにそ
　　れが使えませんからね。

この野球選手は野球の一番の魅力はどんなことだ

と言っていますか。

会社で男の人と女の人が話しています。男の人が悩んでいる理由は何ですか。

M：先輩、ちょっとご相談があるんですが。実は田村商会との商談なんですが、向こうの担当の方との交渉がなんかうまくいかなくて。いつまでたっても話は平行線 (注) で……。

F：そう。ちゃんと向こうの言い分も聞いて、ある程度のところで妥協しなきゃね。そういえば、向こうにあいさつには行ったの？

M：いえ、上野さんの仕事を引き継いだもので、まだそこまでは。

F：じゃあ一度、直接会ってあいさつしたら？そうすれば、自分の人柄も相手に分かるし、お互いに仕事がしやすくなるんじゃない？

M：ありがとうございます。じゃあ、明日にでも。

F：ちゃんとアポ取ってからね。

男の人が悩んでいる理由は何ですか。

> (注)「平行線 평행선」= 서로 주장이 시간이 지나도 조율되지 않고 타협점을 찾을 수 없는 상태

小学校で校長先生が話しています。先生は新しい取り組みによって子供にどのような変化があったと言っていますか。

F：本校では数年前から地域の方々にご協力をいただき、子供たちの職場体験を実施しています。これは、児童が職場での体験を通して、地域の仕事や活動をもっと身近に感じ、社会の仕組みの一部を知ることを目的としていて、教科書や教室では学べないことが学べる、とてもいい機会となっています。口数が少なく、非常におとなしかった児童が、体験後、大きな声であいさつをするようになったという話もありますし、保護者の方からも、子供が自分からお手伝いをするようになった (注)、というお話を伺っております。自分が社会の一員として何か役に立てるという喜びが、子供たちに変化をもたらすのではないでしょうか。今後も地域の方々のご協力のもと、よりよい取り組みにしていきたいものです。

先生は新しい取り組みによって子供にどのような変化があったと言っていますか。

> (注) 얌전한 아이가 큰 소리로 인사를 하게 되거나 스스로 돕게 되었다는 점에서 적극성이 상승했다는 것을 알 수 있다.

女の人が男の人にコンサートの感想を聞いています。

F：この間話していたオペラ歌手のコンサート、行ったんでしょ？　どうだった？

M ：うん、すごく豪華でよかったよ。歌はもちろん、衣装も舞台もとにかく素晴らしかったよ。でも、周りの観客がなあ。一部の人が騒ぎすぎてうるさくて。もっと静かに聴けたらよかったんだけど。コンサートで盛り上がるのはいいんだけど、ちょっとあれはって思うんだよね。

男の人はコンサートについてどう思っていますか。

1 歌もよく、観客も静かだった

2 歌はよかったが、観客が騒がしかった

3 歌はよくないし、観客も騒がしかった

4 歌はよくなかったが、観客は静かだった

1番 정답 1　　　　🎧 N1-3-21

大学の授業で先生が話しています。

M ：保育所の拡充などが奏功し (注1)、女性の就業率が急上昇しましたが、家事や育児の負担が大きい女性の労働環境は依然として変わりません。残業をよしとしていた (注2) 企業の考え方を改め、勤続年数による昇進ではなく、成果で人事評価をすることが必要です。そうすると長時間労働も是正され、在宅ワークなど柔軟な働き方が根づいて、女性が働きやすくなるのではないでしょうか。

先生が伝えたいことは何ですか。

1 企業が考え方を変えるとよい

2 家事や育児を男性にも手伝ってもらうとよい

3 年齢に応じた昇進は効果的だ

---

4 働く時間帯を変えるべきだ

(注1)「奏功する 주효하다, 효과를 거두다」= 목표대로 성과가 올라가다

(注2)「よしとする 좋다고 치다」= 승낙하다, 일단 납득하다

2番 정답 2　　　　🎧 N1-3-22

テレビで医者が話しています。

F ：冬は風邪をひいて体調を崩すことも多くなりますね。冷えるとよくないから、常に暖かい環境にいる方もいるでしょう。体を冷やさないことは重要ですが、睡眠時も暖房を入れっぱなしにしたり、布団やパジャマを2枚3枚と重ねたりしていませんか。実はこれ、睡眠の妨げになるんです。また、暖房で部屋が乾燥しすぎると、粘膜を痛めます。暖房は20度前後に設定し、寝るときには消す、また、加湿器や濡れタオルで湿度を調整するなどしましょう。

医者は主に何について話していますか。

1 体を冷やすことの影響

2 冬の就寝時の注意点

3 暖房器具の利点と欠点

4 冬の体調不良の原因

3番 정답 4　　　　🎧 N1-3-23

ラジオで男の人が話しています。

M：高齢になり、運転免許証を返納^{（注）}した方の中には買い物が不便になったという方が多いのではないでしょうか。また、そうなるのが嫌で車を運転せざるを得ないご高齢の方もいます。徒歩圏内にスーパーがあっても、重い物を持って帰るのは労を要します。そこで、この商業施設では70歳以上の方に新しいサービスを提供することにしました。ここで購入したら、近隣の方に限り無料で配達してくれるそうです。

男の人は何について話していますか。

1　車を手放した高齢者の不便な点
2　買い物に行けない高齢者の割合
3　高齢者が車を手放さない理由
4　高齢者に対する新しい取り組み

（注）「運転免許証の返納 운전면허증 반납」＝ 운전면허증을 반납하고 차를 운전할 권리를 포기하는 것

4番　정답　3　　　🎧 N1-3-24

セミナーで女の人が話しています。

F：皆さんは今自分の夢に向かって何か実践していますか。時間に追われている毎日、そんな余裕はないという方も多いでしょう。しかし、それでは気がついたときには年老いているなんてことになりかねません。とにかく自分が向上するための時間を毎日作りましょう。そのためには朝を有効活用してください。朝早く起きられないという方、それはやるべきことが見えてい

ないからです。将来のために何をしたいかを考え、毎朝すると決めてください。夜は疲れ切っていて何もできないものです。少しずつでもいいので毎朝続けてみてください。

女の人は何について話していますか。

1　夢を見つける方法
2　仕事をこなす方法
3　自分の時間を作る方法
4　朝早く起きる方法

5番　정답　4　　　🎧 N1-3-25

ラジオで男の人が話しています。

M：ストレスを感じたとき、自然があるところに行きたいと思いませんか。実は、人は植物によって心が癒され、さらに自然治癒力^{（注）}も高まると言われているのです。また、植物は人間が出す二酸化炭素を吸収すると同時に有毒物質も吸収し、健康に有効な成分や酸素を放出するとの研究報告もあります。人間と植物は、お互いが不要なものを相互に利用しつつ営みを続けているのです。

男の人は何について話していますか。

1　ストレス解消の方法
2　ストレスと植物の関係性
3　酸素の役割
4　植物の有効性

(注)「自然治癒力 자연 치유력」＝ 생물의 몸이 특별한 치료 없이 자연스럽게 건강한 상태로 회복되는 힘

6番　정답　2　🎧 N1-3-26

テレビでアナウンサーが話しています。

F：都心から車で5時間。ここ山森村は現在、65歳以上が人口の50％以上を占める限界集落です。このままでは廃村(注1)となってしまうという危機感から、今、村では移住者の誘致(注2)に力を入れています。古い民家を好きなようにリノベーションし、村がその代金の半分を補助してくれるプランや、職人の指導を受けながら、家を自分で建てるプランなどもあります。それが功を奏し、徐々に移住希望者が訪れるようになりました。

女の人は何について話していますか。

1　人口が減ってしまった理由
2　移住者を呼ぶための試み
3　古民家を再生させる方法
4　自分で家を建てるメリット

(注1)「廃村 폐촌」＝ 사는 사람이 없어진 마을
(注2)「誘致 유치」＝ 적극적으로 권유해서 오도록 하는 것

問題4　🎧 N1-3-27

例　정답　2　🎧 N1-3-28

M：隣のビルの工事がこんなにうるさくちゃ、仕事にならないよ。
F：1　仕事がないのかなあ。
　　2　来週末までらしいよ。
　　3　もうすぐうるさくなるね。

1番　정답　2　🎧 N1-3-29

F：新商品の件で、近いうちにお目にかかりたい(注)のですが。
M：1　あいにく、先約がありまして。
　　2　ええ、こちらもお会いしたいと思っておりました。
　　3　承知いたしました。今日中に拝見いたします。

(注)「お目にかかる 뵙다」＝「会う 만나다」의 존경 표현

2番　정답　2　🎧 N1-3-30

M：山田さん、先週も1時間遅れて来たんだよ。今日も遅刻するに決まってるよ(注1)。
F：1　今日も遅刻してましたよね。
　　2　今日は絶対ちゃんと来ると思うよ。(注2)
　　3　やっぱり山田さんに決まりだね。

(注1) 오늘도 분명히 지각할 것이라는 강한 주장
(注2) 남자 말에 대해 반박하고 있다.

3番　정답　3　　🎧 N1-3-31

F ：いいから、いいから、遠慮しないで。今日は私が出す[注]から。

M：1　あ、ここ邪魔ですね。私が出ます。

　　2　では、すみません。遠慮しておきます。

　　3　えー、いいんですか。では、お言葉に甘えて。

（注）「私が出す 내가 내다」= 내가 (돈을) 지불한다는 의미

4番　정답　1　　🎧 N1-3-32

M：あのう、すみません。この商品、返品させてもらいたいんですが……。

F ：1　かしこまりました。レシートはお持ちですか。

　　2　では、こちらでお支払いくださいませ。

　　3　承知いたしました。すぐに納品させていただきます。

5番　정답　1　　🎧 N1-3-33

F ：古谷さん、バイト中、いつも携帯見てない？どういうつもりなんだろう、まったく。[注]

M：1　確かに。やる気あるのかな。

　　2　バイトのつもりなんじゃない？

　　3　ほんと全然見ないよね。

（注）무슨 생각으로 아르바이트 중에 휴대 전화를 보느냐고 화를 내고 있다.

6番　정답　3　　🎧 N1-3-34

M：今度の旅行、テニスで一汗流したあと、温泉でリフレッシュっていうのもいいんじゃない？

F ：1　そうだね。それはちょっと良くないよね。

　　2　そんなところで流さないほうがいいと思うけど。

　　3　そうだね。湯船[注]でのんびりするのもね。

（注）「湯舟 욕조」=「浴槽 욕조」, 목욕물을 넣는 커다란 통

7番　정답　2　　🎧 N1-3-35

F ：田中工業さんからお話をいただいていた展示会の出展の件、いかがいたしましょうか。

M：1　じゃあ、そうしよう。

　　2　あの件はお断りして。

　　3　お返ししましょうか。

8番　정답　3　　🎧 N1-3-36

M：もう一度聞くけど、自分なりに考えて出した結論なんだな。

F ：1　本当に私でいいのかな。

　　2　それは謙虚すぎるよね。

　　3　さんざん悩んで、決めたの。

9番　정답　2　　🎧 N1-3-37

F ：本当に、ご飯、ごちそうになっちゃっていいの？

M : 1　いえいえ、どういたしまして。
　　2　大したもんじゃないけど^(注)、遠慮なくどうぞ。
　　3　もう、お腹いっぱいで入らないね。

（注）'특별한 음식은 아니지만'이라는 의미

10番　정답　1　🎧 N1-3-38

M：待たせて悪かったね。昨日、急にバイトに辞められちゃってなかなか出られなくて^(注1)。

F：1　へえ、大変だね。仕事は回ってるの^(注2)？
　　2　そっか。新しい仕事が見つかるといいけど。
　　3　それはなにより。ご苦労さま。

（注1）일터에서 빠져나오지 못했다는 의미
（注2）막힘없이 순조롭게 일이 진행되고 있다는 의미

11番　정답　3　🎧 N1-3-39

F：あの決断は覚悟がいると思うけど、岩下さん、ほんとに潔いよね。憧れるなあ。

M：1　うん、覚悟がないのに、びっくりするよ。
　　2　ほんと、すごくきれい好きだよね。
　　3　そうそう、あの判断はなかなかできないよね。

12番　정답　3　🎧 N1-3-40

M：ただでさえ新人に手がかかるのに、先輩の君がこれじゃあねえ。^(注)

F：1　ほんと、手がかかりますよね。
　　2　ありがとうございます。これからもがんばります。
　　3　申し訳ございません。以後気をつけます。

（注）평소에도 신입은 돌봐줘야 하는데, 선배인 여자가 이 상태라면 곤란하다는 의미

13番　정답　2　🎧 N1-3-41

F：えっ？　今晩うちに8人もいらっしゃるって言った？　2、3人ならまだしも……。

M：1　そうなんだ。みんな気兼ねしてさ。
　　2　ごめんごめん。なんとか頼むよ。
　　3　まだうちにはいないと思うけど。

14番　정답　1　🎧 N1-3-42

M：先輩は日程が合うんだったら、その案でもかまわないって。

F：1　それじゃあ、これでいきましょう。
　　2　じゃあ、先輩にかまってもらいましょう。
　　3　先輩がかまわないなら、やめましょうか。

問題5　🎧 N1-3-43

1番　정답　3　🎧 N1-3-44

会社で女の人と課長が話しています。

F：課長、来年度の新入社員研修の件なんですが。
M：ああ、今建て替え中の研修センターを使うや

1회　2회　3회　4회　5회

つね。

F ：実は、工事が遅れていて、施設課から4月に
　　使用するのは難しそうだという連絡が入ったん
　　です。

M ：ええ？　そうか、困ったなあ。2週間泊まり込
　　みの研修だからな。どこか長期で借りられそ
　　うな施設ってある？

F ：みどり大学のセミナーハウスがお借りできない
　　か確認してみたんですが、うちの研修期間の
　　中盤3日間、新入生のオリエンテーションが
　　あるそうで。

M ：どこもそういう時期だからな。

F ：あとは、クランプホテルにもあたってみました
　　が、ちょっとお値段が。時期を1週間ずらし
　　てみるというのはどうでしょうか。それでした
　　ら、みどり大学の施設で研修は十分可能です
　　が。

M ：やっぱり入社してすぐに会社の方針を理解し
　　てもらいたいし、技術研修が遅れると現場に
　　出る時期も遅れるからな。

F ：泊まりではなく、本社で日帰り研修を行うと
　　いうのはどうでしょうか。

M ：それもいいけど、こういう仕事は仲間意識が大
　　切だから。セミナーハウスで3日間、中休み
　　を入れるということで、やってみようか。

F ：じゃあ、そのように手配いたします。

研修はどうすることになりましたか。

1　1週間遅らせる
2　クランプホテルでする
3　前半と後半に分けてする
4　本社でする

会社で先輩と後輩二人が話しています。

M1：あのさ、先週話していた新製品のパッケー
　　ジのデザインの件だけど。

F ：ええ。

M1：どこに頼むか、考えてる？

F ：はい、今から相談させていただこうと思って
　　いました。3年前に一度依頼した会社と、先
　　日営業に来られた2社で見積もりを出して
　　もらいました。これがその見積もりです。

M1：前にお願いしたこっちのほうが随分安いね。
　　安いほうでいいんじゃないか？

M2：私もそう思っていたんですよ。デザインも悪
　　くなかったですし。あのパッケージ、結構
　　評判よかったですよね。

F ：そうなんですが、デザインを一新するのもい
　　いかなと思って、新しいほうの会社にお願い
　　してはどうかと考えていました。営業のと
　　きにいただいたサンプルがなかなかよかった
　　んです。

M1：そうだね。確かにどのデザインもかっこよか
　　ったな。今風で。

M2：でも、もう一つの会社と見積もりの差が大き
　　いですよね。どこまで下げてくれるか一度聞
　　いてみたほうがいいかも。

F ：分かりました。連絡してみます。

M1：じゃあ、頼んだよ。

パッケージについて、このあとまずどうすることに
なりましたか。

1　新しい会社に値下げを交渉する

2　新しい会社にデザインを依頼する

3　3年前に依頼した会社にデザインを考えてもらう

4　3年前に依頼した会社に見積もりを直してもらう

3番　質問1　정답　2　　　🎧 N1-3-46

　　　　質問2　정답　3　　　🎧 N1-3-47

テレビで色とインテリアについて説明しています。

F1　：色は私たちの心理や行動に大きな影響を与えていると言われています。例えば、赤。赤は情熱的なイメージですが、青と比べて3℃も体感温度が上がるそうです。これをインテリアに利用すれば、暖房費の節約にも一役買うかもしれませんね。青は心を落ち着かせる色ですが、食欲を抑える働きがあります。また、集中力を高め学習効率も上がるそうです。それから緑は緊張感を和らげる色で、緑を見ることによって安心感が得られるなどの効果があることも分かっています。黒はスタイリッシュさを求める人にお勧めです。しかし、マイナスの効果としては、不安感を与え、疲労の原因になるとも考えられていますので、お部屋全体ではなくアクセントとして使うといいでしょう。皆さん、色を効果的に使って生活をより豊かにしてみませんか。

F2　：ちょうど模様替えをしようと思っていたんだよね。リビングのカーペット、変えない？

M　：いいね、今年はエネルギッシュにいきたいから赤なんかどう？

F2　：今はいいけど、夏は暑苦しいでしょう。私は緑がいいな、最近ストレスがたまってるんだよね。

M　：確かに赤はそうかな。でもゆきちゃんはいつもリラックスしてるように見えるけどね。それより、俺は今度の昇級試験にパスしなきゃ。やっぱり冷静になって勉強に集中できる色がいいな。ダイエットもできるし、メタボ予防に一石二鳥だよ。

F2　：毎日の食事を楽しめないなんていやだよ。

M　：じゃ、思い切っておしゃれな色にする？　汚れも目立たないし。でも疲れが取れないからよくないか。

F2　：そうだよ。問題外だよ。

質問1.　男の人は何色にしたいと言っていますか。

質問2.　女の人は何色にしたいと言っていますか。

問題 1 　　　　　🎧 N1-4-02

例　정답　3　　　　　🎧 N1-4-03

会社で女の人と男の人が話しています。女の人はこのあとまず何をしますか。

F ：片山さん、社内ブログの記事を書いたんですが、ちょっと見ていただけませんか。

M ：いいよ。ブログが始まってからちょうど1年か。このハワイ支社のイモトさんのインタビュー記事、面白く書けてるね。

F ：ありがとうございます。ただ、このブログ、まだ十分に知られていないみたいで、閲覧数も最近あまり伸びていないんです。

M ：でもまぁ、まめに更新していたらそのうち増えるんじゃない。あれ、イモトさんのモトって、元気のゲンじゃなかったっけ。

F ：すみません。

M ：すぐ直しといてね。それから、写真使用の許可を取った？

F ：あ、そちらは問題ありません。

女の人はこのあとまず何をしますか。

1番　정답　2　　　　　🎧 N1-4-04

幼稚園の事務の人が実習に参加した大学生に話しています。大学生はこのあとまず何をしますか。

M ：今日は実習第1日目ですね。今日のスケジュ

ールをご説明します。当初の予定では、お渡ししたエプロンを着用したのち、園長の話を聞いてもらう予定になっておりましたが、園長の急用につき話は午後に予定変更となりました。ですので、先に園内を私がご案内いたします。それから二人ずつに分かれ、各クラスで実習となります。担当教諭に指示を受け、それぞれの活動を行ってください。お昼は園児と一緒に給食を食べてください。そのあと、園長の話を皆さんで聞きますので、食事の片付けが済んだらまたここに集まってください。

大学生はこのあとまず何をしますか。

2番　정답　1　　　　　🎧 N1-4-05

会社で男の人と女の人が話しています。男の人はこのあとまず何をしますか。

M ：今度の社員旅行なんだけど、部長に幹事、頼まれちゃってさ。旅館、ここはどうかな。候補が二つあって。

F ：へー、お疲れさま。ちょっと見せて。ここって今人気の旅館じゃない？　予約とれるの？

M ：えっ、そうなんだ。じゃあ、こっちのほうがいいかな。駅から少し遠いんだけど。

F ：送迎サービスぐらいあるでしょ。とりあえず、どっちも聞いてみたら？　早いほうがいいよ、人気だし。

M ：そうだね。あと、料理とかも決めないといけないよね。

F ：そうだけど、ここで勝手に決めちゃうと、食べられない物とかあると困るから、一度みんなに

聞いたほうがいいと思うけど。メールかなんか
で聞いてみたら？

M：そうか。適当に決めちゃうわけにはいかないか。

F：あとは、大まかなスケジュールなんかも決めて、
集合場所とか決めないとね。

M：あー、僕にできるかな。できるだけ頑張るけど。
あと、なんか必要なこと、ある？

F：そうだな。何か楽しめることがあるといいと思
うから、私も考えてみる。でも、まず宿が取
れなきゃ話にならないね。

M：そうだね。助かった。ありがとう。

男の人はこのあとまず何をしますか。

ざいますから、こちらでお着替えいただくこと
もできます。それから、室内用の靴もご持参く
ださい。あと、タオルもお願いいたします。

M：分かりました。

F：では、こちらが体験レッスンの申込用紙です。
こちらにお名前、ご住所、お電話番号をご記
入ください。あ、ちょうどもうすぐ４時から
のクラスが始まりますから、よろしければ一度
ご覧になりますか。そちらはお帰りの際に提
出していただければかまいませんので。

M：じゃ、ぜひお願いいたします。

男の人はこのあとまず何をしますか。

3番　正答　4　　🎧 N1-4-06

スポーツクラブの受付で男の人と女の職員が話し
ています。男の人はこのあとまず何をしますか。

M：あのう、すみません。こちらに通いたいんです
が……。

F：ありがとうございます。当クラブのご利用は初
めてですか。

M：ええ。

F：でしたら、よろしければ、一度体験レッスンに
お越しください。ご都合のいいお日にちはあり
ますか。

M：えっと、来週の水曜日の午後、空いています。

F：では、来週の水曜日の２時からならクラスが
ございますが、いかがでしょうか。

M：はい、大丈夫です。お願いします。当日、何
か持って来るものはありますか。

F：動きやすい服装でお越しください。更衣室もご

4番　正答　3　　🎧 N1-4-07

会社で女の人と男の人が話しています。女の人はこ
のあとまず何をしなければなりませんか。

F：課長、今、よろしいでしょうか。

M：はい。どうしましたか？

F：あのう、大変申し訳ないんですが、実は国の父
が倒れまして、来週１週間帰国したいと思っ
ているんです。

M：え、そうなんですか。それは大変ですね。１週
間ですね？　大丈夫だと思いますよ。

F：申し訳ありません。それでなんですが、実は来
週ひかりコーポレーションで行われる新商品
のプレゼンを担当していまして……。

M：ああ、そうでしたね。それはチームの向井君に
頼んでみたらどうかな？

F：ありがとうございます。

M：向井君がOKだったら、ひかりコーポレーショ

ンの人全員に担当が代わるということ、知らせられますか？　メールでいいと思うけど。

F：分かりました。

M：まあ、こちらのことは心配しないで、お父様のお見舞い、ちゃんとしてきてください。休みを延ばしたい場合は、遠慮なく言ってくださいね。

F：本当にありがとうございます。

女の人はこのあとまず何をしなければなりませんか。

5番　정답　3　🎧 N1-4-08

会社で男の人と女の人が電話で話しています。男の人はこのあとまず何をしますか。

M：はい。田中電機でございます。

F：お疲れさまです。中山です。

M：あ、課長。おはようございます。

F：今いい？　ちょっと、お願いがあるんだけど。

M：はい、何でしょうか。

F：今から KS 工業に行くんで今川駅にいるんだけど、大事な書類を忘れちゃって。私の机の上にある青いファイルで KS 工業様契約書って書いてあるやつなんだけど分かる？

M：はい、机の上にあります。

F：悪いんだけど、ここまで持ってきてほしいんだ。頼める？

M：はぁ……。今すぐ今川駅に持って行ったらいいんですね？

F：うん、助かる。ごめんね。あ、そうそう、会社を出る前にファイルの契約書をコピーしておいてほしいんだ。そのコピーを部長の机の上に

置いといてもらえるかな？　置いとくだけで分かるから。

M：分かりました。

男の人はこのあとまず何をしますか。

6番　정답　1　🎧 N1-4-09

大学で男の学生と女の学生が学園祭について話しています。女の学生はこのあとまず何をしますか。

M：いよいよ学園祭も来月に迫って来たね。

F：うん。あ、そういえば学園祭のパンフレットって何部必要だったっけ？

M：そうだなあ。まず在学生だけで、5,000 部は必要だろう？　それから、外部からいらっしゃる方のためにはその 3 倍は必要じゃないかな？

F：結構あるね。となると、早めに印刷会社に依頼しておいたほうがいいね。

M：え？　もう頼んであるんじゃなかったの？　もしかして、まだ？

F：そうなの。実はまだ、実行委員会の最終の OK が出てないんだ。もうメールで原案を送ってから 1 週間くらいになるんだけどね。

M：学園祭まであと 1 か月もないんだから、早くしてもらわないと。

F：そうなんだけど、向こうもすごく忙しそうで。なんか声をかけづらかったんだよね。

M：忙しいのはお互いさまだよ。だから、ただ待っているだけじゃなくて、直接行って催促くらいしなきゃ。

F：そうだね。分かった。とりあえず、そうするよ。

女の学生はこのあとまず何をしますか。

問題2　🎧 N1-4-10

例　정답　4　🎧 N1-4-11

大学で女の学生と男の学生が話しています。男の学生はどうして遅刻したと言っていますか。

F：あれ？　どうしたの。元気ないじゃない。

M：うん、またクラブの朝練習に遅刻しちゃったんだよね。

F：えっ、また？　寝坊したの？

M：いや、確かに、友達と夜中までゲームやってて寝過ごしそうにはなったんだけど。

F：やっぱり。お酒も飲んだんでしょう。

M：まあ、飲んだけど、ちゃんといつもの時間には起きたんだよ。それで、自転車で大学に行こうと駐輪場に行ったんだけど、自転車に乗ることができなくて。

F：え？　鍵をなくしたとか？

M：いや、それが、昨日バイト先に置いて帰ってきたのをすっかり忘れてたんだよね。

F：ああ、それで。

男の学生はどうして遅刻したと言っていますか。

1番　정답　4　🎧 N1-4-12

セミナーで女の人が話しています。就職活動では何が一番大切だと言っていますか。

F：就職活動におけるキーワードは3つあります。

それは自己分析、業界研究、企業研究です。自己分析というのは、自分がどんな人間か、どんな仕事に向いているかなどを客観的に考える上で重要ですから、第一にしなければならないことですね。そこでしっかりと適性を見極めて初めて業界研究へとコマを進める (注1) わけです。そして、大切なのが情報収集です。情報はインターネットでも手に入りますが、それではほかの人と同じような情報しか得られません。生きた情報を得るためには、企業訪問をしたり、直接OBやOG (注2) の話を聞いたりして、実際に動くことが大切です。

就職活動では何が一番大切だと言っていますか。

(注1)「コマを進める (장기 등의) 말을 앞으로 움직이다」
　　　 = 다음 단계로 나아가다

(注2)「OB／OG 선배」= 그 학교 졸업생

2番　정답　2　🎧 N1-4-13

会社で女の人と男の人が話しています。同僚が会社を辞めるのはどうしてだと言っていますか

F：ねえねえ、聞いた？　営業部の佐藤さん、今月いっぱいらしいよ。

M：え？　そうなの？　寝耳に水 (注) だよ。転職するの？

F：それがね、結婚が決まっているらしいんだけど。

M：あ、それで辞めるんだ。

F：まあまあ、最後まで聞きなさいよ。そういうわけじゃなくて。

M：へえ、じゃあ何なの？　体の具合でも悪いのかな。

F：違うんだって。あのね、彼女、その彼と起業するらしいの。小さな輸入雑貨の店をオープンさせるんだって。

M：そうなんだ。すごいね。彼女なら成功しそうな気がするよ。

同僚が会社を辞めるのはどうしてだと言っていますか。

（注）「寝耳に水 아닌 밤중에 홍두깨」 = 뜻밖의 일이나 소식에 놀라는 것

3番　정답　1　🎧 N1-4-14

アナウンサーが女の人にインタビューをしています。女の人はどうやってアイディアを考えていますか。

M：「社長にインタビュー」のコーナーです。今日は作家に、社長に、大学教授にとマルチに活躍されている山田たか子さんにお越しいただきました。よろしくお願いいたします。

F：こちらこそ、よろしくお願いいたします。

M：最近は人が思いもつかないようなアイディアで企業や町を再生されていますね。私たち凡人からすると、どうやってそのアイディアが生まれるのかと思うのですが、どうやって考えていらっしゃるのですか。

F：ははは。私も同じく凡人ですよ。アイディアはそこら中に転がっています。ですから、日常生活でそれに気づくことが大切ですね。どんなことも見逃さない。

M：てっきり会議や会社などで考えに考えてアイデ

ィアを出されているのかと思っておりました。

F：会議では何も生まれません。日常生活でいつでもアンテナを張って（注）おくことがアイディアにつながります。あちこち見て、なんでも吸収するんです。「ああ、新しい店ができたな」とか。それがあとで役立つかもしれませんから。それから、自分が面白いと思うことをすること。つまらないことをしても誰も得しません。

M：そうなんですね。

女の人はどうやってアイディアを考えていますか。

（注）「アンテナを張る 안테나를 세우다」 = 항상 주의하며 다양한 정보를 모으다

4番　정답　2　🎧 N1-4-15

テレビのアナウンサーと農家の人が米の作り方について話しています。農家の人は無農薬の米をどのようにして育てていると言っていますか。

F：独特のお米の育て方をしていらっしゃる川口さんにお話を伺います。川口さんのお米の育て方について教えていただけますか。

M：はい、まず、うちは一切農薬を使用していない無農薬の米を作っています。ただ、農薬を使わないと害虫がついたり、育ちが遅かったりするんです。

F：なるほど、一口に無農薬と言っても、いろいろと苦労がおありなんですね。

M：そうなんです。それで、いろいろ試した結果、できるだけ昔の環境に近づけたらうまくいくということに気づいたんです。農薬を使ったこ

とで、田んぼからカエルやメダカといった生き物が消えたでしょう？　今度は生き物がもどってくれるような環境を目指しています。そして、それは消費者の皆さんに安心で安全なお米を食べていただくことにもなると信じています。

農家の人は無農薬の米をどのようにして育てていると言っていますか。

5番　正答　3　🎧 N1-4-16

女優が趣味について話しています。この女優が相撲を好きになったきっかけは何ですか。

F：相撲を初めて見たのは、子供の頃に父に連れられて行ったときです。その頃はなんとも思っていなかったんです。大きい男の人が戦うわけですから、むしろ怖いと思っていたぐらいで。それでも、父が毎日テレビで見るものですから、なんとなく一緒に見ていたんですが、中学生のとき、父が他界して（注1）からはほとんど見なくなりました。でも、しばらくして、アイドルのようなかっこいい力士（注2）が出てきたんですよ。それで夢中になりました。仕事が忙しいときはなかなか見に行けませんでしたが、最近は時間に余裕も出てきて見に行くこともあります。特に贔屓（注3）の力士はいませんが、すっかり親のような気持ちで見てしまいますね。

この女優が相撲を好きになったきっかけは何ですか。

（注1）「他界する 타계하다」＝「(人が)亡くなる (사람이) 죽다」

（注2）「力士 스모 선수」

（注3）「贔屓 편애」＝ 특히 마음에 들어 응원하는 것

6番　正答　3　🎧 N1-4-17

会社で女の人と男の人が話しています。男の人は来月の会議でどんな提案をすることにしましたか。

F：山田くん、お願いなんだけど、来月の全体会議で何か新しい案を出してもらえないかな。最近業界全体の売り上げが落ち続けているでしょ。何か新しい視点が必要だと思うのよね。

M：分かりました。えっと、最近考えたのは「猫本屋」っていうのなんですけど。本屋で猫とふれあいながら本を買ってもらうんです。

F：私も猫好きだけど、アレルギーがあるとちょっとね。衛生面も不安だし。

M：若い女性には絶対ウケる（注1）と思うんですけどね。もう一つは「俺の本屋」です。これは、サラリーマンが好きそうな趣味の本を車に積んで、ランチタイムのオフィス街を回るっていうのなんですけど。ゲリラ的に。

F：すぐにできそうね。いつ来るか分からないっていうのもわくわくするね。

M：あとは「本屋ジム」ぐらいですかね。筋トレ（注2）の本って、読んだだけじゃ分かりにくいと思うんですよ。だから各店舗で、スポーツインストラクターにポイントだけでも指導してもらえるといいかなって。

F：よさそうだけど人件費がね。今回はひとまず、

実現しそうなものにしましょうか。

M：分かりました。じゃ、会議までに具体的に考え
　　ておきます。

男の人は来月の会議でどんな提案をすることにし
ましたか。

(注1)「ウケる 먹히다」= 평판이 좋다
(注2)「筋トレ 근육 트레이닝」=「筋肉トレーニング」
　　　의 준말

7番　정답　4　　　　　　🎧 N1-4-18

男の人と女の人が話しています。占いの結果、女の
人がいいと言われたのはどんなことですか。

M：コンピューター占いの結果、見せてよ。今年の
　　運勢、どうだったの？

F：こんな感じ。

M：結構詳しく出るんだね。どれどれ。

F：今年前半は事故に注意をしたほうがよさそう
　　なんだって。旅行に行ってレンタカーを借りよ
　　うと思っていたからちょっと心配。しかも
　　今年、入院するかもしれないんだって。事故
　　に注意で入院するかもってことは、旅行やめ
　　たほうがいいのかな。

M：注意して運転すればいいじゃん。

F：そうなんだけどね。ここ見て。今年は就職活
　　動が始まるから、これがよくてよかったよ。恋
　　愛運は最悪みたいだけど。学業はまずまずな
　　んだって。努力すれば成果があるって、それ
　　って当たり前じゃんね。

M：でも、これ、面白いね。僕もやってみようかな。

占いの結果、女の人がいいと言われたのはどんな
ことですか。

問題3　　　　　　　🎧 N1-4-19

例　정답　2　　　　　　🎧 N1-4-20

女の人が男の人にコンサートの感想を聞いていま
す。

F：この間話していたオペラ歌手のコンサート、
　　行ったんでしょ？　どうだった？

M：うん、すごく豪華でよかったよ。歌はもちろん、
　　衣装も舞台もとにかく素晴らしかったよ。で
　　も、周りの観客がなあ。一部の人が騒ぎすぎ
　　てうるさくて。もっと静かに聴けたらよかった
　　んだけど。コンサートで盛り上がるのはいいん
　　だけど、ちょっとあれはって思うんだよね。

男の人はコンサートについてどう思っていますか。

1　歌もよく、観客も静かだった
2　歌はよかったが、観客が騒がしかった
3　歌はよくないし、観客も騒がしかった
4　歌はよくなかったが、観客は静かだった

1番　정답　2　　　　　　🎧 N1-4-21

スポーツと記録についての講演会で専門家が話して
います。

F：陸上競技や競泳競技で、人はどこまで速くな
　　れるのでしょうか。もうこれ以上の新記録は

出ないという予測もある中、記録が更新されています。その理由として、栄養管理や用具の改善のおかげであるという意見もありますが、私はそれだけではないと思っています。記録更新を続ける前田選手にお話を伺ったことがあります。彼は「ただ昨日の自分に勝ちたいだけなんです」とおっしゃっていました。その思いこそが記録を生み出す原動力になるのではないかと思うのです。

女の人は何について話していますか。

1 新記録を出すための技術開発
2 新記録が出る理由
3 記録更新のための練習
4 最高記録を出すための食事

―――――――――――――

2番 정답 1　　　　　　　　**∩ N1-4-22**

テレビでアナウンサーが話しています。

M：働きたくても働けない女性が増えています。小さい子供を抱えるお母さんは、保育園がいっぱいで、子供を預ける場所がありません。そのため、仕事に復帰することをあきらめるという、いわゆる待機児童問題が深刻化しています。各自治体では保育園を増設したり、その定員を増員したりと策を講じていますが、そんなことではとても追いつかないのが現状です。企業側にも託児所を整備するよう要請していますが、企業によってばらつきがあります。そこで、山川市では地域のお年寄りが子守を引き受けるファミリーサポート制度をぜひ活用するように呼びかけています。

アナウンサーは何について話していますか。

1 働きたい母親をとりまく現状とその対策
2 児童福祉に関する各自治体の取り組み
3 地域のお年寄りによる子守サービスの問題点
4 子供をもつ女性に特化した求人情報

―――――――――――――

3番 정답 2　　　　　　　　**∩ N1-4-23**

大学で女の学生と男の学生が話しています。

F：山田くん、ゼミは決めた？

M：うん、石井先生の「スポーツ法政策ゼミ」にしようかなって思ってて。卒業したらスポーツ関係の仕事に就きたいと思ってるから、必要なことが学べるかなって。それに先輩ががんばれば資格も取れなくはないって言ってたし、就職にも有利かもしれないって思って。

F：でも石井先生って大学一厳しいって評判だよ。毎週レポートやら発表やらが山ほどあるし、おまけに法学の基礎知識が十分でないと授業についていけないって聞いたけど。去年だって、ゼミが始まるや否や、脱落者が続出したらしいよ。

M：えっ、そんなこと聞いてないよ。そっか、どうしようかな。

F：ま、死ぬ気でやるか、逃げてあとで泣くかだよね。夢を追いかけるならやんなよ。

M：それもそうだね。

女の学生はこのゼミについてどう思っていますか。

1 大変だから、やめたほうがいい

2 大変だけど、受けたほうがいい

3 資格が取れるから、受けたほうがいい

4 資格が取れるが、やめたほうがいい

(注)「ロゴ ロゴ」= 상품명 등을 나타내는 디자인된 문자

4番　정답　3　　🎧 N1-4-24

会社で男の人と女の人が話しています。

M：ちょっとお願いがあるんだけど。

F：何？

M：12月の頭までにお願いって言っていた新商品のロゴ(注)のデザインなんだけど。

F：ああ、あれね。来週から取り掛かろうって思ってるよ。

M：悪いんだけど、2週間ほど早くしてもらえないかな。

F：え？　ほかの仕事があるから……。

M：だよね。そう言うと思った。誰かできそうな人、いない？　12月の頭までになってたのは先方の勘違いみたいなんだよ。どうしてもって頼み込まれてね。

F：みんな忙しそうだからねぇ。

M：そこをなんとか。

F：まあ、聞いてみるだけ聞いてみるよ。

男の人は何をお願いしていますか。

1 12月中にデザインを決めてほしい

2 2週間以内にロゴの案を考えてほしい

3 この仕事を引き受けてくれる人を探してほしい

4 先方に納期を遅くするように頼んでほしい

5番　정답　2　　🎧 N1-4-25

ラジオで女の人が話しています。

F：今週の土曜日に封切される安井秀樹監督の『大阪ストーリー』という映画は、50年前の小田義男監督の大ヒット映画『私の大阪』をリメイクした(注1)ものです。安井監督は学生時代にこの『私の大阪』を観て、頭をハンマーで割られるような衝撃を受けられたそうです。それからまもなく小田監督のもとに弟子入りし、助監督を務めながらその薫陶を受けられました(注2)。小田監督が亡くなって10年の節目に長い間温め続けてきた、そして自分を映画の道に導いてくれた作品のリメイクがようやく公開される運びとなりました。

女の人は何について話していますか。

1 映画のあらすじ

2 映画の製作経緯

3 映画の感想

4 映画の舞台

(注1)「リメイクする 리메이크하다」= 옛날에 만든 작품을 다시 만들다

(注2)「薫陶を受ける 훈도(감화)를 받다」= 훌륭한 인물의 영향을 받다

6番　정답　1　　🎧 N1-4-26

テレビで専門家が話しています。

M：この市には伝統的な技法で建てられた古い家屋
が多く残っています。中には200年以上前の
建物もあります。歴史的な価値が高く、後世に
保存していきたいものですが、修理に莫大な
費用がかかり、手放したいと思う持ち主が多い
のが現状です。これではいけないと、この市
では新たな条例を設け、保護をすることにな
りました。しかし、条例があっても楽観視は
できません。保存のためにかかる費用をどうす
べきかはまだ解決されていないのです。早急
に考えなければなりません。

専門家は何について話していますか。

1　伝統的家屋の保存の課題
2　伝統的家屋の修理の費用
3　伝統的家屋の新たな条例
4　伝統的家屋の歴史と価値

問題4　　🎧 N1-4-27

例　정답　2　　🎧 N1-4-28

M：隣のビルの工事がこんなにうるさくちゃ、仕
事にならないよ。

F：1　仕事がないのかなあ。
　　2　来週末までらしいよ。
　　3　もうすぐうるさくなるね。

1番　정답　1　　🎧 N1-4-29

F：本日は貴重なお時間を頂戴いたしまして、本
当にありがとうございました。

M：1　いやいや、こちらこそ勉強になりました。
　　2　恐れ入りますが、忙しいのでまた今度お願
　　　いします。
　　3　おっしゃるとおり、大切でしたね。

2番　정답　3　　🎧 N1-4-30

F：この台風の状況じゃ、旅行は諦めるよりほか
ないね。

M：1　そうは言っても楽しみだね。
　　2　どこに行くか決めないと。
　　3　キャンセルするしかないね。

3番　정답　1　　🎧 N1-4-31

M：田中さんが来てくれて、助かった。まったく、
鈴木君ときたら……。(注)

F：1　ほんと、ちゃんとしてくれないと困るよな
　　　あ。
　　2　ああ、彼と来たらいいんだね？
　　3　そうか、それは助かったね。

(注) 스즈키 군에 대한 불만

4番　정답　2　　🎧 N1-4-32

F：今時間ある？　ちょっと相談に乗ってくれない
(注)？

M : 1　じゃあ、聞かなかったことにしとくよ。

　　2　ああ、いいよ。じゃあ、そこの店に入ろうか。

　　3　そうだね。乗るだけでも大変だよね。

（注）「相談に乗る 상담에 응하다」= 상대방의 상담 내용을 듣다

5番　정답　3　　　🎧 N1-4-33

M : ご確認いただきたいのですが、メール、無事お手元に届いておりますでしょうか。

F : 1　負担になりませんので、お気になさらずに。

　　2　お手数ですが、よろしくお願いいたします。

　　3　返信が遅れてすみません。届いております。

6番　정답　2　　　🎧 N1-4-34

F : 長い間、ご無沙汰して申しわけありませんでした。

M : 1　あのくらいお安い御用ですよ。

　　2　いえいえ、こちらこそ、お元気そうで何よりです。

　　3　お取り込み中のところ、すみませんでした。

7番　정답　3　　　🎧 N1-4-35

M : あ、もうこんな時間。終電なくなったよね。もう遅いし、よかったら送って行くよ。

F : 1　ありがとう。じゃあ、ちょっと拝借します。

　　2　お気遣いなく。充電しますから。

　　3　ほんとに？　じゃあ、お言葉に甘えて。

8番　정답　1　　　🎧 N1-4-36

M : 思いがけず渋滞に捕まっちゃってさ。悪い、悪い。

F : 1　あの道、たまに込むことあるんだよ。

　　2　ほんとに悪いよね。捕まるなんて。

　　3　こんなに早い時間にお願いするなんて。

9番　정답　3　　　🎧 N1-4-37

M : 恐れ入りますが、お帰りになりましたら、お電話をいただきたいのですが……。

F : 1　何時頃お帰りになりますか。

　　2　遠慮なくおっしゃってください。

　　3　念のため、お電話番号をお願いいたします。

10番　정답　2　　　🎧 N1-4-38

F : 小学生じゃあるまいし、下手な言い訳はやめたら。

M : 1　え、そんなに下手じゃないと思うけど。

　　2　分かった。本当に悪かったよ。

　　3　何言ってんの。もちろん、小学生じゃないよ。

11番　정답　1　　　🎧 N1-4-39

M : お前がそんなことするなんて、父さん、鼻が高いよ。

F : 1　大したことじゃないよ。当たり前のことをしただけ。

2 お父さん、ごめんなさい。鼻、大丈夫？

3 遠慮しないで。花ぐらいいつでも買ってあ
　げるよ。

12番　정답　2　　　🎧 N1-4-40

M：まあまあ、そんなに怒らないで。気持ちは分か
　らないでもないけど。

F：1　えっ！　何が分からないって？

　2　それは分かってるんだけどね。

　3　そんなに怒ってどうするの？

13番　정답　1　　　🎧 N1-4-41

F：お忙しいところ、すみません。早川部長にも
　ご参加いただけるとありがたいんですが……。

M：1　ちょっと予定見てからでいいかな。

　2　3つもいただいて、いいのかな。

　3　出席してくれるの？　助かるな。

14番　정답　3　　　🎧 N1-4-42

M：見た？　このレポート。書けばいいってもん
　じゃないよね。

F：1　うん。書いてくれないと困るよね。

　2　よくこんなに書いたね。すごいよ。

　3　ほんと、もう少しなんとかならないかな。

問題5　　　🎧 N1-4-43

1番　정답　3　　　🎧 N1-4-44

デパートで店員と男の人が話しています。男の人は
何を買いますか。

F：いらっしゃいませ。何かお探しでいらっしゃい
　ますか。

M：あ、はい。実はもうすぐ就職活動を始めるの
　で……。

F：では、リクルートスーツ(注)でございますね。
　ただ今、フェアをしていますので、こちらへど
　うぞ。

M：はい。何にも分からないので、教えていただき
　たいのですが……。

F：かしこまりました。リクルートスーツは黒か紺
　を選ぶ方が多いですし、実際その色がお勧めで
　す。ただ好みというよりは、ワイシャツやネク
　タイを含めた全体のバランスを見てご購入い
　ただければと思います。

M：うーん……。全部そろえるのは、予算がなぁ
　……。

F：こちらの靴とかばんを含めた5点セットです
　と3万円です。これから就職活動を始める方
　にぴったりですよ。

M：白いシャツは何枚か持っているので、今はけっ
　こうです。あと、靴も……。

F：さようでございますか。では、ネクタイはいか
　がですか。何本か用意しておかれたほうがいい
　かと思います。どんなお色味がお好みでしょう
　か。

M：1本グレーのを持っているので、寒色系がい
　いですね。

F：こういったものはいかがでしょう。これならお

持ちの白いシャツにこちらの黒のスーツを合わせると落ち着いた雰囲気が醸し出せますよ。こちらのネクタイもこの黒のスーツに合いますし、長く使っていただけますよ。

M：いいですね。それにします。

F：おかばんはどうなさいますか？

M：それは、また……。

男の人は何を買いますか。

1　5点セット

2　スーツとワイシャツと靴

3　スーツとネクタイ

4　スーツとネクタイとかばん

(注)「リクルートスーツ 面接用 정장」= 취업 준비를 할 때 자주 입는 정장

2番　정답　2　🎧 N1-4-45

小学校で教師3人が資料を見ながら、社会見学の行き先について話しています。

F1：今日は来年度の社会見学の行き先について話し合いたいと思います。先週4か所、候補地をお伝えしましたね。新聞社、製紙工場、しょうゆ工場、それとガラス工房でしたが、資料を見て来ていただけましたか。

M：はい、私は新聞社がいいと思いました。もう高学年ですし、そろそろ社会の出来事に興味を示してもらいたいです。

F1：なるほど、社会のニュースに目を向けてほしい年頃ですからね。

F2：でも、社会の出来事に興味を持てって、押しつけがましい感じがしませんか。しょうゆ工場はどうでしょうか。自分の町の特産品のことを知るというのも大切だと思いますし。

M：確かに地元を知ることは重要なんですが、食べ物関係はアレルギーのある子供がいるかもしれないので、難しいんじゃないでしょうか。

F1：そうですね。一人でも参加できない子がいたら問題ですね。製紙工場はどうですか。

F2：うーん、確かにそれもいいんですが、見るだけでなく何か体験できるといいと思うんですよね。しょうゆ工場なら味見や絞る体験ができるし、ガラス工房ならちょっとしたものを作れるので、そちらのほうがいいんじゃないでしょうか。

M：私もガラス工房はいいと思います。「モノづくり」に携わる職人さんの話をじかに聞くというのも貴重な体験になるはずです。大きな工場もいいですけど、なかなか身近に感じられませんからね。

F1：じゃあ、そこと、もう一つは、社会の出来事に目を向けるきっかけになるといいと思うので、やはりこちらで。この2か所の方にも相談して、もう少し具体的なプランを検討してから、最終決定しましょう。

社会見学の行き先の候補地として、どことどこが残りましたか。

1　新聞社と製紙工場

2　新聞社とガラス工房

3　しょうゆ工場とガラス工房

4　しょうゆ工場と製紙工場

3番　質問1　정답　1　　　🎧 N1-4-46
　　　　質問2　정답　2　　　🎧 N1-4-47

テレビで男の人が話しています。

M1：秋の行楽シーズンがやってきました。今日は初心者でも日帰りで登れる山を紹介いたします。まず、伊武山です。5合目までは車で行くことができ、山頂には美しい高原植物の花が咲き乱れていることで有名な山です。ただ木陰がない山なので紫外線対策を万全にしていきましょう。次は曽根山です。山頂からは海を見渡すことができ、この素晴らしい絶景を目にすれば、山を登る辛さは吹き飛んでしまいます。その次にご紹介する山は牧野山です。県境に位置し、こちらは美しいブナの林を楽しめます。運がよければ野生動物に出会えるかもしれません。最後は、白井山です。こちらは少々健脚向きかもしれませんが、美しい沢や滝を渡りながらのハイキングが楽しめます。岩山でもあるためロッククライミングをする人も多いです。以上、4つの山をご紹介しました。

M2：連休に日帰り登山っていいかも。行ってみない？

F　：いいね。私は美しいブナの林を歩いてみたい。

M2：でもさ、野生動物が出てくるかもしれないって言ってたぞ。怖くない？

F　：そうね。うさぎや鹿ならともかく、熊は困るよね。

M2：僕は山頂から海を見てみたいな。最近、仕事ばっかりであんまり感動することもないしさ。絶景で感動したいな。

F　：なるほど。初心者向きのほうがいいし、私は半分車で行けるところがいいな。

M2：じゃ、今回の連休は君の行きたい山で、次回の連休に、僕の行きたい山に登ろう。

質問1.　女の人はどの山に登りたいと言っていますか。

質問2.　男の人はどの山に登りたいと言っていますか。

問題 1　　🎧 N1-5-02

例　정답　3　　🎧 N1-5-03

会社で女の人と男の人が話しています。女の人はこのあとまず何をしますか。

F：片山さん、社内ブログの記事を書いたんですが、ちょっと見ていただけませんか。

M：いいよ。ブログが始まってからちょうど1年か。このハワイ支社のイモトさんのインタビュー記事、面白く書けてるね。

F：ありがとうございます。ただ、このブログ、まだ十分に知られていないみたいで、閲覧数も最近あまり伸びていないんです。

M：でもまぁ、まめに更新していたらそのうち増えるんじゃない。あれ、イモトさんのモトって、元気のゲンじゃなかったっけ。

F：すみません。

M：すぐ直しといてね。それから、写真使用の許可を取った？

F：あ、そちらは問題ありません。

女の人はこのあとまず何をしますか。

1番　정답　1　　🎧 N1-5-04

男の人と女の人が忘年会について話しています。男の人はこのあとまず何をしますか。

M：ねぇ、今度のテニスサークルの忘年会、来る？

F：え？　そんな企画あるの？　知らなかった。行きたい。

M：知らないの？　そうかぁ。部室の掲示板にポスター貼っただけじゃなかなか周知されないんだなぁ。

F：ポスターなんてちゃんと見てない人も多いし、たとえ見ても忘れてしまうことってあるから、メールで送って返事をもらうほうが確実だよ。

M：そうかぁ。僕、幹事なんて初めてだから、どうしたらいいのか実は分からないんだよ。

F：あぁ、そうよね。とにかくみんなにスケジュールを押さえてもらわないと (注) いけないからそれをまずやる。そしてみんなの出欠をとるの。

M：なるほど、わかった。

F：店は直前でもいい。でも、この時期すぐ予約でいっぱいになるから気をつけてね。ビンゴとか出し物をするなら手伝ってあげるよ。

M：分かった。ありがとう。楽しい忘年会にしたいから、手伝ってもらえると助かるよ。

男の人はこのあとまず何をしますか。

> **(注)**「スケジュールを抑える 스케줄을 잡다」= 어떤
> 일을 위해 예정을 비워 두다

2番　정답　4　　🎧 N1-5-05

会社で女の人と男の人が話しています。女の人はこのあとまず何をしますか。

F：課長、今度一新する (注) ウェブサイトの件なんですが。基本的には、目を引くデザインにしよ

うと思っています。今までのものは地味なんじゃ
ないかという社内の声もありましたので。

M：ここに画像か動画が入ったら、インパクトあっ
ていいと思うな。

F：そうですね。じゃあ、あさっての会議で制作会
社の担当者に相談してみます。

M：事前にメールで伝えておいて。会議までに案を
用意してくれるかもしれないし。あと、イベン
トのお知らせをもっと見てもらえるようにでき
ないかな。

F：じゃあ、トップページのリンクが貼ってあると
ころ、少しデザインや色を工夫してみます。

M：そうだね。メールを送る前に、一度社内の誰か
にも意見を聞いてみたら？

F：はい。そうしてみます。

M：デザインは専門家に任せれば、いくつかデザイ
ン案がもらえるから。こちらの希望を整理して、
会議でしっかり伝えられるようにまとめておい
て。

F：はい、分かりました。

女の人はこのあとまず何をしますか。

(注)「一新する 새롭게 바꾸다」= 완전히 새롭게 하다

3番　정답　2　　　🎧 N1-5-06

ダンス教室で男の人が受付の人と話しています。
男の人はこのあとまず何をしますか。

M：すみません。来月1か月来られないんですが、
クラスの振り替えって可能でしょうか。

F：どのコースをとっていらっしゃいますか。

M：水曜7時半からのタップダンスなんですけど、
ちょっと長期の出張が入っちゃって。確か日
曜の昼もありましたよね。できたら再来月にま
とめてできないかなって。

F：申し訳ございません。日曜は定員いっぱいでし
て。

M：教室の隅でもいいので何とかならないでしょ
うか。

F：それなら、一度担当の講師に直接ご確認いた
だけますか。もし無理な場合は休会手続きを
とっていただきますと、月謝は免除になります。
その場合はこちらの書類にご記入いただくこ
とになりますが。

M：あ、その書類って、印鑑がいるんですよね。困っ
たな、今日は持ってきてないや。

F：来週お見えになるなら、そのときでも。

M：分かりました。まあ、振り替えができたらそっ
ちのほうがいいですしね。

男の人はこのあとまず何をしますか。

4番　정답　3　　　🎧 N1-5-07

女の人と電器店の店員が話しています。女の人は
このあと何をしますか。

F：すみません。このテレビの32インチはありま
すか。

M：32インチですね。在庫をお調べしてまいりま
すので、少々お待ちください……。お客様、
申し訳ありません。当店では商品の在庫を切
らしておりまして……。ただ今発注しており
ますが、1週間ほどお時間がかかります。ただ、

37 インチならございます。少し大きいかもしれませんが……。

F：うーん、どうしようかなぁ。テレビが大きいと部屋が狭くなるしね……。

M：あるいは、市内にある 3 店舗のうちの一つの山中店には現在、32 インチの在庫がございます。お急ぎで、かつ、32 インチがよければ、そちらでもお買い求めいただけます。

F：じゃ、そうしようかな。

M：では、山中店に連絡して、32 インチの商品を 1 台取り置きするよう伝えます。

女の人はこのあと何をしますか。

5番　정답　2　　　🎧 N1-5-08

大学で男の学生と女の学生が話しています。男の学生はこのあとまず何をしますか。

M：そろそろ就職活動しなきゃな。もう大学の就職課には行った？

F：もちろん、行ってるよ。結構、企業から募集が来てるし、今までの実績も分かるから参考になるよ。あと、就職支援サイトにも登録したよ。

M：ああ、企業の情報が載ってるってやつね。

F：うん、そう。それと、先輩に話を聞くのもいいよ。実体験を聞くのって、いい刺激になるし、アドバイスももらえるしね。

M：先輩に知り合いなんていないよ。サークルにも入ってないし。

F：就職課に行けば、希望の職種に就職した先輩を紹介してくれるって。何か動き出さないと、取り残されるよ。

M：いや、試験とか面接の本は買って読み始めてるんだけど。

F：実際にどの会社を受けるか決めて進めていかないと、本だけ読んでてもね。それから、履歴書やエントリーシート(注)も準備しないと。

M：なるほど、準備できるものは早くしたほうがいいね。じゃあ、とりあえず行って話を聞いてみるよ。

男の学生はこのあとまず何をしますか。

> (注)「エントリーシート 入사 지원서」= 기업이 취업 희망자에게 제출하게 하는 서류로 자기 PR 등을 적는다.

6番　정답　3　　　🎧 N1-5-09

会社で女の人と男の人が話しています。女の人はこのあとまず何をしなければなりませんか。

M：高橋さん、忙しいところ悪いんだけど、今日課長の代わりに、西村商事との商談に出てくれないかな。急に体調を崩したらしいんだ。

F：そうですか。私に務まるでしょうか。

M：君なら西村商事との付き合いも長いし、この取引にも関わっているからうってつけだと思ってね。価格も原価割れ(注)さえしなければいいから、すべて君に任せるよ。とにかく今から資料をよく読んで、内容をしっかり頭に入れておくようにね。

F：分かりました。あの、会議室の準備などは……。

M：もう会議室の予約も済ませてあるし、配布資

料なんかは３時までにコピーすればいいから。

F ：そうですか。

M ：あ、一応、価格のこと、課長に口頭で確認しておいてくれる？　病院に行くのは昼頃らしいから、今すぐなら電話に出られるだろう。

F ：承知しました。あのう、西村商事にも電話を入れておいたほうがいいでしょうか。

M ：それは僕がしておくよ。君が今してる仕事は誰かに振ってもらってかまわないから。

F ：承知しました。

女の人はこのあとまず何をしなければなりませんか。

（注）「原価割れ 원가 이하로 떨어짐」＝ 상품의 가격이 그 상품을 만들기 위해 들어간 가격보다 저렴해지는 것

問題2　　🎧 N1-5-10

例　正答　4　　🎧 N1-5-11

大学で女の学生と男の学生が話しています。男の学生はどうして遅刻したと言っていますか。

F ：あれ？　どうしたの。元気ないじゃない。

M ：うん、またクラブの朝練習に遅刻しちゃったんだよね。

F ：えっ、また？　寝坊したの？

M ：いや、確かに、友達と夜中までゲームやってて寝過ごしそうにはなったんだけど。

F ：やっぱり。お酒も飲んだんでしょう。

M ：まあ、飲んだけど、ちゃんといつもの時間には起きたんだよ。それで、自転車で大学に行こう

と駐輪場に行ったんだけど、自転車に乗ることができなくて。

F ：え？　鍵をなくしたとか？

M ：いや、それが、昨日バイト先に置いて帰ってきたのをすっかり忘れてたんだよね。

F ：ああ、それで。

男の学生はどうして遅刻したと言っていますか。

1番　正答　1　　🎧 N1-5-12

テレビで女の人が話しています。女の人の職業は何ですか。

F ：この原作のベストセラー小説を読んだときに心を揺さぶられました。厳しい環境で頑張っている子供たちがすごく多いんだなと思って。それと同時に、大人だって頑張りすぎて病んでいるんだということに気づいたんです。一人一人はすごく頑張っているのだけれど、みんな孤独でギリギリの状態だというのをどうにかしたくて、この映画を製作することに決めたんです。一人でも多くの人がこの映画を見て、人と人とのつながりの大切さに気がついてくれたらって思っています。

女の人の職業は何ですか。

2番　正答　3　　🎧 N1-5-13

試合会場で女の人と男の人が話しています。男の人がこのチームのファンである理由は何だと言って

いますか。

F ：お客さん、多くなったよね。前はがらがらだったのに。

M ：そうだね。ほら、スタジアムはもういっぱいだよ。そういえば、最近は親子連れも増えたね。

F ：子供向けのやさしいサッカー教室があったり、おしゃれな屋台なんかも出たりするから、若いファミリー層も来やすくなったのかも。それに、最近有名な選手が移籍してきたでしょう？

M ：そうそう。あの世界的なスター選手がメンバーになったって聞いたときは、本当に胸が踊ったよ。とうとうこんな時代が来たのかって。

F ：でもこれだけファンが増えたのは、やっぱりチームがぐんと強くなったからでしょ。

M ：きっとそうだろうね。でも僕にとっては、なんたって昔から選手との距離が近いところがたまらないんだよ。握手会も毎回必ずあるしね。

F ：そうね。まあ、私はチームのゆるキャラ「カモゾー」が好きでファンになったようなもんだけど。今日もカモゾーのタオル、買っちゃった。

M ：よっぽど好きなんだな。よし、今日も張り切って応援するぞ。

男の人がこのチームのファンである理由は何だと言っていますか。

3番　정답　3　　🎧 N1-5-14

男の人がペットショップの人と話しています。ペットショップの人はこの店で犬が売れなくなった一番の理由は何だと言っていますか。

M ：すみません、子供がペットを飼いたいって言っているんですが、何がお勧めですか。

F ：そうですね。最近は小鳥やハムスターやうさぎなどの、いわゆる小動物が人気ですよ。

M ：え？　犬じゃないんですか？

F ：ええ。小動物以外はペット禁止っていう物件もありますしね。それに、犬や猫だと万が一の災害時に避難所に連れて行くっていうのに抵抗がある人もいますし。

M ：そうなんですか。散歩が大変な気はしていたんですが……。

F ：やっぱりそれが一番大きいですね。犬は外に出たくても、寒いと人は億劫になることもありますしね。あと、エサ代や医療費も考えると、小動物のほうが安くつくとかもありますかね。

M ：なるほど。

ペットショップの人はこの店で犬が売れなくなった一番の理由は何だと言っていますか。

4番　정답　2　　🎧 N1-5-15

入社式で社長が話しています。社長が新入社員に最も望むことは何だと言っていますか。

M ：皆さん、入社おめでとうございます。本日社会人としての一歩を踏み出すにあたり、今胸に抱いている夢や希望を忘れずに一歩一歩努力を積み重ねてほしいと思います。その中でも、皆さん方には、ぜひ「考え抜く」ということを大切にしてほしいと思っています。上司や先輩の教えを鵜呑みにする(注)のではなく、「なぜそうなるのか」ということを考えてくださ

い。それを考えることにより、物の本質をつかむことができ、皆さんの成長のスピードアップに結びつくからです。

社長が新入社員に最も望むことは何だと言っていますか。

(注)「鵜呑みにする 곧이곧대로 받아들이다」 = 남의 말을 충분히 이해하지 못한 채 받아들이다

5番　정답　1　🎧 N1-5-16

大学で女の学生と男の学生が話しています。男の学生が今年クラブを休むのはどうしてですか。

F：鈴木くん、クラブ休むって聞いたんだけど。アルバイトが忙しいの？　それとも、何か嫌なことがあったとか？

M：うーん。アルバイトも大変なんだけどね。店長がいつも人手が足りないって言ってるし。クラブ活動自体は楽しいと思ってるよ。雑用が多くて大変だけど。

F：もう！　でも、鈴木くんがいないと寂しいなあ。

M：実は単位がちょっとね。このままじゃ、留年しそうなんだ。だから、とりあえず1年だけ休部ってことで、お願い。

F：そっか。それじゃ、しかたがないよね。学生の本分は勉強だから。しっかり頑張って。

M：それで、折り入って(注)頼みがあるんだけど、経済学概論で分からないところがあるんだ。ちょっと教えてくれない？

F：しょうがないな。いいよ。

男の学生が今年クラブを休むのはどうしてですか。

(注)「折り入って 긴히, 간절히」 = 진지한 태도로 상대방에게 상담이나 부탁을 할 때 쓰는 표현

6番　정답　4　🎧 N1-5-17

テレビで男のレポーターと女の人が話しています。女の人は店に客が増えた理由は何だと言っていますか。

M：今日は駅からちょっと離れた閑静な住宅街にある、行列ができるうどん店にやってきました。こちらには、大人気メニューがあるとお聞きしたんですが。

F：はい。肉や魚を食べない方、つまりベジタリアンのためのメニューがございます。

M：へえ。うどん屋さんにしては珍しいですね。

F：ええ。実は1年前に、ベジタリアンの方が来られましてね。そのとき、うちのうどんの出汁には魚を使っていたもので、食べずに帰られたんです。せっかく来ていただいたのに申し訳なくて。それがきっかけで魚を使わない出汁を開発したんです。

M：それが行列ができるほど大人気に。

F：いえ、最初はほとんど注文がなかったんですよ。雑誌の特集で紹介されて、それを見たある有名な方が食べに来てくださったんです。で、SNSに写真を載せてくださったら、それからお客様が来てくださるようになって。

M：そうなんですか。

F：動物性のものを使わないヘルシーな食事ができると話題になったようです。

女の人は店に客が増えた理由は何だと言っていますか。

7番　正답　1　🎧 N1-5-18

会社で課長と女の人が話しています。課長はストレスを溜めないためにどんなことをしていますか。

M：どうしたんだ。浮かない顔して。

F：最近、ちょっとストレスが溜まっていまして。課長はどうやってストレスをコントロールされているんですか。

M：そうだなあ。もともと寝たらすぐに忘れるタイプだけどね。

F：私は仕事の失敗とか、うちに帰ってからもずっと考えてしまうんですよね。あのときあんなことしなきゃよかったって後悔してしまうんです。

M：責任感が強いからだよ。それはいいことなんだけど、それだと体が持たないよね。失敗しない人はいないんだから、それは仕方がないと考えるといいよ。

F：それができたらいいんですけど。

M：ジョギングとかしたらどう？　僕も嫌なことがあったら体を動かすようにしているよ。そうすると気分が晴れるんだ。そのあとに飲むビールも格別にうまいからね。

課長はストレスを溜めないためにどんなことをしていますか。

問題 3　🎧 N1-5-19

例　정답　2　🎧 N1-5-20

女の人が男の人にコンサートの感想を聞いています。

F：この間話していたオペラ歌手のコンサート、行ったんでしょ？　どうだった？

M：うん、すごく豪華でよかったよ。歌はもちろん、衣装も舞台もとにかく素晴らしかったよ。でも、周りの観客がなあ。一部の人が騒ぎすぎてうるさくて。もっと静かに聴けたらよかったんだけど。コンサートで盛り上がるのはいいんだけど、ちょっとあれはって思うんだよね。

男の人はコンサートについてどう思っていますか。

1　歌もよく、観客も静かだった
2　歌はよかったが、観客が騒がしかった
3　歌はよくないし、観客も騒がしかった
4　歌はよくなかったが、観客は静かだった

1番　정답　2　🎧 N1-5-21

ラジオで女の人が話しています。

F：7人制ラグビーは1883年にスコットランドで始まった長い歴史を持つ競技です。15人制と比べて一人当たりのスペースが広くなるので、攻撃時には広いスペースをどう抜いていくか、逆にディフェンス時には広いスペースを少ない人数でどう守るかということがポイントになってきます。また、大きく違うのが時間で、

15人制の場合、前半40分、後半40分の合計80分となりますが、こちらは、前半7分、後半7分の合計14分となります。ですから、見ている側からすると、試合が始まってあっという間に終わってしまうというわけですが、何といってもスピードを感じられるのが、競技としての大きな魅力の一つです。

女の人は何について話していますか。

1 7人制ラグビーの歴史
2 7人制ラグビーの特徴
3 7人制ラグビーの問題点
4 7人制ラグビーの展望

2番　정답　4　🎧 N1-5-22

講演会で男の人が話しています。

M：ある大学の調査結果によると、女性の社会進出が進み、女性が家事に費やす時間が年々減少しています。中でも食事の支度にかける時間が著しく減ってきているのですが、それは女性が忙しくなったからというだけではなさそうです。カット野菜のような半分調理済みのものやちょっと手を加えるだけでおいしい一品になるような商品の開発が進んでいることもその一因ではないでしょうか。今は料理を一からする必要がなくなったんですね。外食より経済的で、このような商品が支持されているんでしょうね。

男の人は主に何について話していますか。

1 働く女性が減少した社会
2 簡単に料理が作れる商品の開発
3 外食が家庭に及ぼす影響
4 食事の準備にかける時間が減った理由

3番　정답　2　🎧 N1-5-23

新入社員の研修で部長が話しています。

F：どんなときでも「いらっしゃいませ」というときは、ただ口に出して言えばよいというものではありません。世の中に数多くあるお店の中から、当店を選んでいただいた。そのことに対して、感謝の心をこめて「いらっしゃいませ」と言いましょう。作業中は手を止めろとまでは言いませんが、きちんとお客様の存在を意識してもらいたいし、目をまったく合わせないで口だけ動かすというのも失礼です。お客様が「ああ、この店を選んでよかった」と思ってくださるように毎回ていねいにお声がけしてください。

部長が伝えたいことは何ですか。

1 大きな声であいさつをしてほしい
2 常にお客様への感謝の気持ちを持ってほしい
3 あいさつをするときは、作業はやめなければならない
4 話をするときのアイコンタクトは大切だ

テレビで女のアナウンサーと専門家が話しています。

F ：この数年、地震や台風などの自然災害が増えています。今日は、災害対策にお詳しい小沢ひろきさんに来ていただいています。よろしくお願いします。

M ：こちらこそ。

F ：早速ですが、今、自然災害の予測はどこまで可能になってきているのでしょうか。

M ：そうですね。近年、AIの活用やビッグデータを集めることにより、洪水の発生などに関しては、前もってある程度分かるレベルになってきました。

F ：そうですか。頼もしいですね。

M ：ですが、竜巻や集中豪雨などが以前にも増して頻繁に起こるようになり、災害はいつどこで起きてもおかしくないというのが現状です。また、日本はご存じのとおり地震の多い国でもあります。こういった災害から命を守るためには、国や地方自治体によるしっかりとした防災対策の必要性もさることながら、一人一人の災害に対する知識と心構えが重要です。

F ：備えあれば憂いなし(注)ですね。

M ：そうですね。災害は忘れた頃にやってくると昔から言われていますが、私だけは大丈夫だと思わずに、万が一の事態を想定しておくよう日頃から心がけてもらえればと思います。

専門家は何について話していますか。

1　最近の災害の多さ

2　災害の予測の現状

3　災害に対する心構え

4　国や自治体の防災対策

(注)「備えあれば憂いなし 유비무환」= 준비가 되어 있으면 어떤 일이 있어도 걱정할 필요가 없다는 의미

講演会で女の人が話しています。

F ：これから受験シーズンですが、本番が近づくにつれプレッシャーを感じる学生も多いと思います。しかし、過度に緊張してしまうと失敗につながります。では、どうすればいいのでしょうか？　それは「フロー状態」を目指すことです。「フロー状態」というのは、集中しているがリラックスしている状態です。このような状態が最大の効果をもたらします。そうなるためには、自分に負荷をかける必要があります。その負荷と自分のスキルが一致することで、フロー状態になるのです。だから、普段の練習や勉強のときから本番だと思ってプレッシャーを自分にかけ、そのなかで「フロー状態」になれるよう訓練しておけば、本番でも緊張することはありません。

女の人は主に何について話していますか。

1　本番で緊張しないためにどうすればいいか

2　プレッシャーはどのようにして生まれるか

3　自分に負荷をかけて得られるものは何か

4 「フロー状態」が効果をもたらすのはなぜか

6番 정답 3　　　　　　　　🎧 N1-5-26

ラジオで男の人が話しています。

M：こちらの村はもともと漁業で栄えた村でしたが、若者はほかの仕事を求めて近隣の町に移ってしまいました。そのため、村では高齢化が進みつつあります。村に元気がなくなってしまうのを危惧した人々は、地域活性化のために何かできないかと会議を重ねました。その結果、海の恵みを皆さんに食べてもらいたいという結論になり、村のおばあちゃんたちが中心になってこのレストランをオープンしました。この地域でとれた新鮮な魚や野菜を使った手作りの安全で安心な料理が楽しめます。おいしいと評判になって、遠方からもお客さんが訪れ、今ではこのように行列までできています。

男の人は何について話していますか。

1　若者が村に戻ってきたこと
2　若者が減った理由
3　村人が始めた新しい事業
4　村でとれる野菜や魚

問題4　　　　　　　　🎧 N1-5-27

例　정답 2　　　　　　　　🎧 N1-5-28

M：隣のビルの工事がこんなにうるさくちゃ、仕事にならないよ。

F：1　仕事がないのかなあ。
　　2　来週末までらしいよ。
　　3　もうすぐうるさくなるね。

1番 정답 3　　　　　　　　🎧 N1-5-29

F：部長、先日からお願いしている件ですが、その後、どうなりましたか？

M：1　あー、あのときはお世話になったね。
　　2　うーん、そこを何とかしてほしいんだけどね。
　　3　ああ、あれか。ちょっと難しいなあ。

2番 정답 1　　　　　　　　🎧 N1-5-30

F：恐れ入りますが、こちらにお掛けになって少々お待ちいただけますか。

M：1　はい、失礼いたします。
　　2　申し訳ありませんが、ペンを拝借できませんか。
　　3　はい、明日出直してまいります。

3番 정답 3　　　　　　　　🎧 N1-5-31

F：アイスクリーム、好き？　私、子供の頃からアイスクリームに目がないの。

M：1　食べたことないの？
　　2　アイスクリームが嫌いな人っているんだね。
　　3　じゃあ、今度、一緒に食べに行こう。

4番 정답 2 🎧 N1-5-32

M：お足元の悪い中、わざわざおいでいただきまして、ありがとうございました。

F：1 それほど悪くなかったですよ。
　　2 こちらこそ、長居して申し訳ありませんでした。
　　3 おかげさまで随分よくなりました。

5番 정답 1 🎧 N1-5-33

F：今度、私の大好きなバンドがこの町に来るんだって。待ち遠しいなあ。

M：1 それはよかったね。いつ？
　　2 へえ。そんなに遠いの？
　　3 都合が悪いから行けないかも。

6番 정답 1 🎧 N1-5-34

M：ごめん、今日昼から急ぎの用件があってさ。悪いけど、先に失礼するよ。

F：1 えっ、もう戻るんですか。お疲れさまです。
　　2 私は悪くないと思いますよ。
　　3 そんな失礼なこと言わないでください。

7番 정답 2 🎧 N1-5-35

F：お隣の清水さん、運動会の案内、受け取ってないっておっしゃるんだけど。

M：1 うん、清水さんからたくさんもらったよ。
　　2 おかしいなあ、ポストに入れたはずなんだ

けど。
　　3 ええ、渡したかいがないなあ。

8番 정답 2 🎧 N1-5-36

M：前に買ったのは生地がもっと分厚かったんだ。それにひきかえ(注)これは……。

F：1 わあ、すごく厚いんだね。
　　2 ほんと、ペラペラじゃない。
　　3 別に変えなくてもいいでしょう？

(注)「それにひきかえ 그에 비해서」= 좋은 것과 나쁜 것을 비교할 때 사용하는 표현

9番 정답 3 🎧 N1-5-37

F：今度のプロジェクト、うちのチーム全員で担当するっていうのは？

M：1 え、それからどうしたの？
　　2 仕方がありませんね、そういうのは。
　　3 でも、みんないっぱいいっぱい(注)だろう？

(注)「いっぱいいっぱい 빠듯하다」= 조금의 여유도 없는 모습

10番 정답 1 🎧 N1-5-38

M：今度の試合の相手は、ちょっと手強いらしいよ。

F：1 じゃあ、もっと一生懸命練習しとかないと。
　　2 すぐに怒るのはよくないよね。
　　3 そう、そんなに弱いのかなあ。

11番　정답　2　　🎧 N1-5-39

F ：そんな小さなことに、いちいち目くじらを立て
　　なくても。(注)

M：1　もっと大きかったら、立ててもいいよ。
　　2　でも、小さいことが気になるんだよ。
　　3　くじらは体が大きいからね。

(注)「目くじらを立てる 눈에 쌍심지를 켜다」= 다른
사람의 작은 실수나 결점을 발견하고 화를 내다

12番　정답　1　　🎧 N1-5-40

F ：先日の地震、大変でしたね。皆さんご無事で何
　　よりです。

M：1　本当に、命あって(注)こそですよね。
　　2　そうなんです。足をケガしてしまって。
　　3　これより大きいんですか。

(注)「命あって(の物種) 목숨이 제일이다」= 무엇이
든 살아 있기 때문에 할 수 있다 (죽으면 소용이
없다는 의미)

13番　정답　2　　🎧 N1-5-41

M：このメンバーだったら、内田さんが間違いなく
　　優勝すると思うよ。

F ：1　やっぱり優勝したね。
　　2　人一倍努力してたからね。
　　3　優勝するにこしたことはないね。

14番　정답　1　　🎧 N1-5-42

M：よかれと思って(注)のことだったんだけど、注
　　意されるくらいなら手伝うんじゃなかったな
　　あ。

F ：1　確かに。せっかく手伝ってあげたのにね。
　　2　そうそう。注意したら手伝ってほしいよね。
　　3　それは手伝わなくていいんじゃない？

(注)「よかれと思って 잘 되라고 생각해서」= 상대방에
대한 친절한 마음으로 무엇인가 했다는 의미 (실
제로는 도움이 되지 않는 등 좋지 않은 결과가
온다.)

問題5　　🎧 N1-5-43

1番　정답　3　　🎧 N1-5-44

ケーキ屋で女の人と店員が話しています。

F ：あのう、誕生日ケーキの予約をお願いしたい
　　のですが。

M：ありがとうございます。当店ではまず、ケーキ
　　の台をスポンジかタルトかどちらかお選びいた
　　だきまして、あとはご希望に応じてデコレーシ
　　ョンをさせていただいております。

F ：デコレーションって例えばどんなのですか。

M：最近はチョコレートでお誕生日の方の似顔絵
　　を描いたケーキなんかも、よく出ておりますよ。

F ：へえ、似顔絵ね。それ、面白いなあ。子供なん
　　か大喜びしそう。あ、でも今回は友達のなんで。
　　ほかにどんなのが人気があるんですか。

M：女性向けでしたら、季節の果物をふんだんに載
　　せたタルトが好まれますね。今の時期ですと、

ブドウやモモを多めにとか。また、うちのチョコレートムースは海外から取り寄せた材料で作っておりまして、洋酒が利かせてあるスポンジと相性がよく、季節を問わず注文される方が多いですね。

F ：わあ、おいしそう。友達はチョコレートが大好きだし、いいかも。でも、子連れの友達も来るし、洋酒は無理かな。

M ：そうですねえ。

F ：よし、じゃあ、やっぱりこれにしようかな。フルーツが多いと見栄えもいいし。あ、でも、台にスポンジを使わなかったらデコレーションはこっちでもいいですよね。

M ：それでしたら、お子様でも召し上がれると思います。

F ：じゃ、それでお願いします。

女性はどんなケーキにしましたか。

1　チョコレートで絵が描いてあるケーキ
2　フルーツがたくさん載ったタルト
3　チョコレートムースのタルト
4　チョコレートのスポンジケーキ

2番　정답　2　🎧 N1-5-45

女の人と男の人が話しています。

F ：毎年恒例の商店街の福引なんですが、景品がマンネリ化(注1)してきましたよね。

M1 ：そうですね。私が言うのもなんですが、一等の景品がいつもうちの店「すし安」のお食事券5,000円分じゃあねえ。

F ：いや、すし安さんはおいしいし、ボリュームもあるから、当たった皆さんからは好評なんですよ。でも最近、生魚が苦手っていう人もいるしね。

M2 ：僕は金額が中途半端だと思うんです。思い切って3万円分にするとか。

F ：お気持ちは分かるんですが、予算もありまして。

M1 ：ほら、よく、モノより思い出っていうじゃないですか。井上さんとこの名物「びっくり最中」を作る体験一組2名様ご招待、なんかどうです？

M2 ：うちの和菓子ですか。あんこを入れるだけだったら、小さなお子さんでもできるけど、若い人はあんこ好きなのかなあ。まあ、作って誰かにあげるっていう手もないことはないか。

M1 ：ほかに、中尾先生の空手教室の無料チケットとかは？　中尾先生はこの辺りじゃちょっとした有名人だし、こんな機会でもなかったら普通の人は滅多に体験できませんよ。

M2 ：空手か。空手は僕もちょっとやってみたいなあ。健康にも良さそうだし。

F ：私も興味なくはないけど、お年寄りにはちょっとハードルが高く(注2)ないですか。

M2 ：それもそうですね。あ、竹内さんとこの電化製品で、最新型の高級マッサージ機ってあったりしませんか。それを体験で使わせてもらって。

M1 ：それだったら、お年寄りでも喜んでもらえそうですよね。最新のは、そこらのマッサージ屋は足元にも及ばない(注3)くらいだって。うちにも1台ほしいなあ。

F ：それはそうなんだけど、残念ながらもう店頭

で無料体験やってるんですよ。

M1 ： そうなると、やっぱり子供からお年寄りまで
　　　楽しめるということで。

F ： それで決まりですね。

一等の景品は何になりましたか。

1　お食事券 3 万円分
2　和菓子作り体験
3　空手教室の無料チケット
4　マッサージ機の無料体験

(注1) 「マンネリ化 매너리즘화, 식상해짐」 = 항상 같고
　　　　새로운 느낌이 들지 않는 것
(注2) 「ハードルが高い 장벽이 높다」 = 곤란하다
(注3) 「足元にも及ばない 발끝도 못 따라가다」 = 힘의
　　　　차이가 커서 비교할 수 없다

3番　質問1　정답　3　　🎧 N1-5-46

　　　　質問2　정답　2　　🎧 N1-5-47

テレビの旅行番組で観光コースを紹介しています。

F1 ： えー、今日は河上町で今人気の観光コースを
　　　4 つご紹介します。コース 1 は、河上町の
　　　シンボルとして親しまれている河上城と清
　　　豊園のツアーです。天守閣からの景色も格別
　　　ですし、来週半ば頃からちょうど桜が満開
　　　となりますから、お勧めです。コース 2 は、
　　　今話題の星田氏がデザインした観光列車で、
　　　河上町と隣町の間を往復するツアーです。
　　　広がる田園風景の美しさもさることながら、
　　　地元の食材を使ったお弁当が大人気です。

コース 3 は、山の自然が楽しめるトレッキ
ングツアーで、体を動かすことが好きな方
にお勧めです。30 分ほど歩くと、樹齢
1,000 年以上と言われている夫婦杉がそび
え立っていて圧巻です。コース 4 は、船で
川を下ります。船上から河上町の雄大な山
並みを楽しむことができます。一部急な流
れの部分もありますが、そこがスリリングで
人気となっています。

F2 ： 河上町って、ちょうど今度私たちが行くと
　　　こじゃない？　いろいろなコースがあるの
　　　ね。私、船で川を下るの、興味あるなあ。

M ： うん、でも、船はちょっと苦手なんだ。山を
　　　楽しむなら、自分で歩くほうがいいかな。

F2 ： そっか、酔いやすいの忘れてた。確かに、天
　　　気が良ければ、ゆっくり散策して自然を感じ
　　　るのもいいね。

M ： じゃ、二日目に行こうよ。初日は着くのが夕
　　　方になるから、移動だけだし。天気予報によ
　　　ると、二日目までは晴れるらしいから、きっ
　　　と楽しめるよ。三日目からは天気が悪くなる
　　　んだって。

F2 ： そうなんだ。でも、電車なら大雨じゃない限
　　　り止まらないよね。星田さんがデザインした
　　　電車には一度乗ってみたかったから、はずせ
　　　ないよ。

M ： うん、人気のお弁当も気になるし。お城や庭
　　　園はよく見るから、今回はいいよね。

質問1. 二人は旅行の二日目にどのコースを選びま
　　　　すか。

質問2. 二人は旅行の三日目にどのコースを選びま
　　　　すか。

초판인쇄	2023년 8월 21일
초판발행	2023년 8월 31일
저자	上田暢美, 内田嘉美, 桑島卓男, 糠野永未子, 吉田歌織, 若林佐恵里
편집	조은형, 김성은, 오은정, 무라야마 토시오
펴낸이	엄태상
디자인	이건화
조판	이서영
콘텐츠 제작	김선웅, 장형진
마케팅본부	이승욱, 왕성석, 노원준, 조성민, 이선민
경영기획	조성근, 최성훈, 김다미, 최수진, 오희연
물류	정종진, 윤덕현, 신승진, 구윤주
펴낸곳	시사일본어사(시사북스)
주소	서울시 종로구 자하문로 300 시사빌딩
주문 및 문의	1588-1582
팩스	0502-989-9592
홈페이지	www.sisabooks.com
이메일	book_japanese@sisadream.com
등록일자	1977년 12월 24일
등록번호	제 300-2014-92호

ISBN 978-89-402-9369-0 (14730)
　　　978-89-402-9365-2 (set)